edition unseld 8

W0053286

Es sind bekanntlich nicht die Maschinen, die Maschinen einstellen, sondern Menschen, die Maschinen bauen und einsetzen. Daher ist es nicht länger hinzunehmen, daß Maschinen die Lebensverhältnisse zunehmend verschlechtern, obwohl sie im Ursprung dazu gedacht waren, diese zu verbessern. Selbst in den reichsten Ländern ist von Lebenserleichterung durch Technik nicht mehr viel zu merken: Der kreative Computerdienstleister fristet das Dasein eines biblischen Tagelöhners; die High-Tech-Ärztin schreibt Gutachten über die Almosenberechtigung kranker Unterstützungsempfänger; jede Modernisierung der Produktion bedeutet Massenentlassungen statt Arbeitszeitverkürzung. Aber nicht einmal den Anschluß an diese noch vergleichsweise luxuriösen Formen des Jammers gönnt man den ärmeren Gegenden; dorthin wird bloß alles ausgelagert, was man mit den Lohnabhängigen des Westens einstweilen noch nicht machen kann. Wie soll man die Maschinen stürmen, um sie in Besitz zu nehmen? Kann man die moderne Arbeitsteilung beibehalten, aber die Hierarchien, Abhängigkeiten und das Unrecht loswerden, die an ihr kleben? Was haben die Industrie, der von ihr geschaffene Reichtum und der von ihr ausgeworfene Schmutz mit Freiheit zu tun? Der Essay *Maschinenwinter* riskiert eine literarische, politische, polemische und spekulative Phantasie darüber, wie man mit Technik Geschichte machen könnte.

Dietmar Dath, geboren 1970, Schriftsteller und Übersetzer, von 2001 bis 2007 Redakteur im Feuilleton der *Frankfurter Allgemeinen Zeitung*. Lebt in Freiburg im Breisgau und in Frankfurt am Main. Veröffentlichte außer zahlreichen Artikeln Romane und Sachbücher. Im Suhrkamp Verlag sind u. a. erschienen: *Die salzweißen Augen*, *Dirac* und *Waffenwetter*.

Maschinenwinter
Wissen, Technik, Sozialismus
Eine Streitschrift

Dietmar Dath

Suhrkamp

Die *edition unseld* wird unterstützt durch eine Partnerschaft
mit dem Nachrichtenportal *Spiegel Online*. www.spiegel.de

edition unseld 8
Erste Auflage 2008
© Suhrkamp Verlag Frankfurt am Main 2008
Originalausgabe

Alle Rechte vorbehalten, insbesondere das der Übersetzung,
des öffentlichen Vortrags sowie der Übertragung
durch Rundfunk und Fernsehen, auch einzelner Teile.
Kein Teil des Werkes darf in irgendeiner Form
(durch Photographie, Mikrofilm oder andere Verfahren)
ohne schriftliche Genehmigung des Verlages reproduziert
oder unter Verwendung elektronischer Systeme
verarbeitet, vervielfältigt oder verbreitet werden.

Druck: Ebner & Spiegel, Ulm
Umschlaggestaltung: Nina Vöge und Alexander Stublić
Printed in Germany
ISBN: 978-3-518-26008-1

1 2 3 4 5 6 – 13 12 11 10 09 08

Maschinenwinter

Für Lorenz Jäger
im Widerspruch

Inhalt

»Our day will come, again.«
Ellen May Ngwethu

1 Selektionsdruck

Die befreundete Biologin lacht, als ich ihr von Fehden unter Physikern erzähle, die stattfinden, weil man noch keine vereinheitlichte Theorie der fundamentalen Naturkräfte besitzt. Wer entdeckt, was alle suchen? Wer tappt im dunkeln? Wer reißt die Mittel an sich, die Aufmerksamkeit, die Ehrungen?

»Gibt's doch längst«, sagt sie, »die Theorie fürs Ganze. Sie stammt von Darwin.« Alles, was in der Wirklichkeit über längere Zeitspannen hin stattfindet, belehrt sie mich, läßt sich erklären, wenn man weiß, wie Vervielfältigung, Variation und Auslese ineinandergreifen.

Die Biologin ist Sozialistin, aber keine von der sentimentalen Sorte, der die Armen leid tun und die es gut mit allen Menschen meint. Sie gehört zu denen, die der Schriftsteller Ken McLeod beschrieben hat, als er von Leuten berichtete, die ihren Idealismus auf den nüchternsten Befunden der Naturwissenschaften errichtet haben, ihren Sozialismus auf dem Eigeninteresse und ihre Freiheit auf der Notwendigkeit. Solche Menschen denken radikal demokratisch nicht aus Jux und Humanismus, sondern weil sie wissen, daß Gesellschaften, in denen die Mehrheit unmündig, elend und schlecht erzogen ist, erfahrungsgemäß dazu neigen, beim erstbesten Versorgungs- oder Raumordnungsengpaß in blutige allgemeine Angstbeißerei abzurutschen.

Das macht nur Sadisten Spaß, und selbst denen nicht lange.

»Das Leben«, schreibt McLeod, »ist ein Prozeß, bei dem etwas, das aus Materie besteht, andere Materie auseinandernimmt und zur Selbsterhaltung benutzt – wenn es sein muß, auch lebendige. Leben ist der Abschaum der Materie, und wir sind der Abschaum des Lebens. Es gibt nichts außer Materie, Kräften,

Raum und Zeit; zusammen: Macht. Macht schafft Freiheit. Man ist frei, alles zu tun, was man vermag, und wenn man überleben will, sollte man tun, was im eigenen Interesse liegt. Wenn deine Interessen sich an denen anderer stoßen, laß diese andern ihre Macht mit deiner messen. Wenn deine Interessen mit denen anderer harmonieren, dann arbeitet zusammen – wo nötig, gegen den Rest. Wir sind, was wir verzehren, und der Mensch ist ein Allesfresser. Was immer uns je wert und teuer war, alle Güte, Wahrheit und Schönheit des Lebens, sämtliche Wunder wurzeln im kargen Boden dieser Wahrheiten.«

Wer so denkt, weiß zu schätzen, was man »das Gute im Menschen« genannt hat, weil es kostbar ist und selten zum Tragen kommt (es heißt Verstand).

Man liest von Kosmologen, die den Evolutionsgedanken in ihre Arbeit aufgenommen haben und Darwinsche Selektion sogar zwischen Universen für möglich halten; auch von Physikern, die bereit sind, der Idee unveränderlicher Naturgesetze Lebewohl zu sagen. Warum sollten, wenn das Universum selbst sich entwickelt, nicht auch die näheren und weiteren Bestimmungen seiner Entwicklung sich entwickeln?

Menschen können verstehen, was geschieht. Bedeutet das mehr, als daß wir uns dem sich entwickelnden Universum besser anpassen können als andere Arten?

Eigenschaften, die sich unter Selektionsdruck entwickelt haben, nennt die Biologie »adaptiv«. Andere, zu denen eine Spezies zunächst unabhängig von diesem Druck gelangt, die sich später aber als nützlich erweisen, nennt sie, einem etwas bemühten Sprachgebrauch Stephen Jay Goulds folgend, »exaptiv«.

Zu welcher der beiden Kategorien gehört unsere Fähigkeit, zu verstehen, was geschieht? Zu welcher unsere Technik? Zu welcher unsere Gesellschaftsform – die Art, wie das Gemeinwesen Individuen integriert? Was für eine Freiheit wäre das, die wirklich der Notwendigkeit gehorchte? An was für eine Notwendigkeit glaubt, wer diese Freiheit zu erreichen hofft? Hat der Fortschritt Jahreszeiten?

Das will ich klären.

2 Moral

Selbstverständlich ist eine Gesellschaft unanständig, in der jemand mehr Wohnraum besitzt als bewohnen kann und Behausungen also leer stehen, damit beim Finanzamt Verluste angegeben werden können, in deren Schatten anderswo, im Warmen, Feuchten und Unsichtbaren, große Gewinne gedeihen. Selbstverständlich ist eine Gesellschaft schweinisch, die einerseits für ihre Spitzensportler Laufschuhe mit eingebauten Dämpfungscomputern bereitstellt, andererseits aber alten Frauen mit Glasknochen die Zuzahlung zum sicheren Rollstuhl verweigert und einen Pflegenotstand erträgt, für den sich tollwütige Affenhorden schämen müßten. Selbstverständlich ist eine Gesellschaft obszön, in der Zahlungsmittelengpässe, Liquiditätskrisen und Bankenbeben vorkommen, weil, wie im Sommer und Winter 2007 geschehen, plötzlich deutlich wird, daß Kredite, die man armen Amerikanern aufgeschwatzt hat, damit sie sich Eigenheime kaufen, die sie sich unmöglich leisten können, tatsächlich nicht zurückgezahlt werden. Selbstverständlich ist eine Gesellschaft widerlich, die all diese Dinge sogar in ihren leidlich gepolsterten Gewinnergegenden zuläßt; vom Elend der sogenannten Peripherie, den »darker nations« (Vijay Prashad), den »trüben Völkern« (Hegel), will man eh nichts mehr hören.

Unanständig, schweinisch, obszön, widerlich: Davon rede ich nicht.

Moral ist Glückssache und setzt Deckung der wichtigsten Lebensbedürfnisse voraus; meistens hat man andere Sorgen. Ich rede aber davon, daß das alles nicht vernünftig ist und deshalb nicht funktionieren kann. Wer es sich kalten Herzens, wachen Auges anschaut und dann noch ruhig zu verneinen imstande ist, daß möglich sein muß, die Dinge besser einzurichten, ist nicht böse, sondern entweder faul genug, sich betrügen zu lassen, oder vom Geburtszufall ausgelost worden, die im Ganzen seltene, vorläufig aber noch ganz einträgliche Elendsgewinnlerei betreiben zu dürfen, an der dieses Ganze krankt.

3 Moi

Wie peinlich, über etwas, das so viele betrifft, reden zu müssen, als habe man sich bloß privat ein paar Gedanken gemacht. Wie ärgerlich, dabei »ich« sagen zu müssen, als wäre man in solcher Lage Dichter oder Erlebnisreporter. Man weiß gleich, wenn man dieses »ich« liest: Ich werde hier eine Menge ärgerlicher Fehler machen müssen, die von der grundsätzlich unaufhebbaren Unverbindlichkeit aller Äußerungen des Solitärs herrühren; Poetenfehler, Kritikerfehler. Verbindlichkeit entsteht im Politischen nur, wo gemeinsam gehandelt wird; nicht da, wo jemand sich alleine etwas ausdenkt, es mag so triftig sein, wie es will.

Man kann, wie kluge einzelne Linke das immer wieder getan haben, wenn *die Linke* auf dem Boden lag, einen Vorteil daraus drehen, daß dem Solitär die Macht abgeht, seine Schlüsse verbindlich zu machen: Endlich darf ich Gesellschaftskritik treiben, ohne auf irgendeine Fraktionsdisziplin Rücksicht nehmen zu müssen.

So wahr das ist, bleibt doch auch richtig: Praxis macht politisch klug; Abstinenz von ihr dumm. Ein bißchen Praxis, ziemlich verstreut zwar und zerbrochen, immer nur an einzelne Situationen gebunden, von den Eigenheiten unterschiedlicher beruflicher und privater Lebenskreise geformt, habe ich mir in den letzten paar Jahren immerhin leisten können. Was an Richtigem hier steht, kommt wohl daher – und spricht also weder nur für mich, was abseitig geraten müßte, noch für eine bereits klar konturierte Partei der praktischen Kritik am gegebenen Zustand. Manche Ideengeber grüßt man indirekt; nicht alle Zitate sind ausgewiesen – Ihr wißt, wer Ihr seid.

Die neue organisierte Form des Widerstandes und der Überwindung wird sich finden müssen. Mein Text bindet mich schon heute an sie, wenn er dazu taugt, was ich hoffe.

4 Horde

Daß wir an der Biologie nicht vorbeikommen, erzählen uns seit ein paar Jahren von diversen Kanzeln herunter nicht etwa Leute wie meine unsentimentale Freundin, sondern Figuren, die niemand für Linke halten kann.

»Ohne Familien«, mahnen sie, »wird die Gesellschaft untergehen.« Nicht alle loben sie den Nationalsozialismus dafür, daß er das seinerzeit eingesehen habe.

Gemeint ist etwas sehr Banales, das aber selten verraten wird: daß sich der unmittelbare und naturwüchsige Sozialverband um die Schwachen, die Alten, die Kranken kümmern muß, wo die bürgerliche Gesellschaft ihre schützende Hand zurückzieht. Das passiert jetzt, wo die Besitzenden einseitig den Vertrag aufkündigen, der besagt: Niemand muß einsam verkommen.

Weil Unglück alle treffen könnte, sollten sie *idealiter* einander dagegen beistehen – das stand in dem Vertrag, den man Sozialstaat nannte. Er war ein Kompromiß zwischen einerseits denen, die ihren Reichtum mit Hilfe ihres Reichtums mehren, und andererseits denen, die nichts haben, was Reichtum schafft, sondern im glimpflichsten Fall ein bißchen Eigentum zum persönlichen Verbrauch.

Die Gesellschaft, sagen die neuen rechten Darwinisten, ist nicht der Schutz aller einzelnen vor dem Unglück, sondern Quelle der permanenten Warnung: Wir brauchen dich nicht, wenn du nichts oder zuwenig beitragen kannst. Das klingt, als reiche, was die Erzeuger produzieren, allenfalls für sie selbst. Der Mangel, der da unterstellt wird, muß, so heißt es, nach dem Befehl derer verteilt werden, die das Sagen haben, sonst droht Chaos. Man wundert sich: Woher kommt dieser Mangel? Haben wir nicht Maschinen gebaut, die den Mangel abschaffen sollten? Erzeugt nicht, wer Güter mit solchen Maschinen produziert, mehr, als Einzelerzeuger je verbrauchen könnten? Beruht die Selbsterhaltung der gegenwärtigen Weltgesellschaft nicht auf allseitigem Handel, also auf Tausch, und bedeutet Tausch nicht, daß Überfluß ist – wer würde Selbsterzeugtes tauschen, das zum Überleben gebraucht wird? Ist der Tausch also nur Schein? Oder sind die Maschinen steckengeblieben, festgefroren, hängen Eiszapfen von den Roboterarmen, sind die Silos eingestürzt, ist der Strom unterbrochen?

Die Stadt, in der ich diese Sätze schreibe, ist reich: Nur noch die Hälfte der Menschen, die in Frankfurt am Main leben, geht regelmäßiger Erwerbsarbeit nach.

Das liegt im Groben, Statistischen – man spricht von »struktureller Arbeitslosigkeit« – an den Maschinen. Offenbar funktionieren sie doch, genau wie die Computer, die sie steuern und koordinieren. Der entwickelte Kapitalismus hält sich aber Wahrsager, die an dieser Stelle der Diskussion stets abwehrend die Hände heben – wie etwa der Wirtschaftsprofessor Daniel Cohen aus Paris, der darauf verweist, daß Automatisierung oder andere Rationalisierungsfortschritte nicht unbedingt Arbeitsplätze fressen müssen. Es habe nämlich, lehrt Cohen, historische Perioden gegeben, so die europäische Nachkriegszeit ab 1945, in denen diese Verbesserungen umgekehrt gerade zur Vollbeschäftigung führten.

Wo so einer recht hat, hat er unrecht. Das Rätsel läßt sich leicht lösen; der Widerspruch rührt von den je unterschiedlichen Absichten, Erwartungen und Strategien derjenigen, die besitzen, was da automatisiert und rationalisiert wird. Denn es liegt in der Tat in der Macht der Kapitalisten, jeden und jede einzustellen, die auf der Straße herumlungern, wenn eine Modernisierung durchgesetzt wird. Aber es liegt in derselben Macht, sie alle wieder loszuwerden, wenn man damit die verbliebenen Beschäftigten per Entlassungsdrohung disziplinieren und ihre Löhne senken will (oder muß: aus Rentabilitätserwägungen).

Es sind, das lohnt, festgehalten zu werden, nicht die Maschinen, die Menschen einstellen oder feuern.

Bereinigt um die Produktionsverhältnisse, auf der Ebene der Produktivkräfte selbst, bleibt alles sehr einfach: Weniger lebendige Arbeit ist nötig, wo immer lebendige Arbeit im Laufe der Zeit Apparate schafft, welche die Arbeit erleichtern, wirkungsvoller machen, abkürzen.

Das leuchtet den Dümmsten ein und könnte den Faulsten Verheißung sein. Aber es ist statt dessen eine Geißel für die aus der

Erwerbsarbeit Gefallenen: Du bist überflüssig, wirst nur noch geduldet!

Nicht allein der Stand der Produktivkräfte macht die Lohnarbeit als Vergesellschaftungsform untragbar. Wenn nur diejenigen zu uns gehören, die arbeiten, aber zugleich längst nicht mehr alle arbeiten müssen, werden Menschen aussortiert. Manchmal geschieht dies schon, bevor sie zu nichts mehr zu gebrauchen sind – dann nämlich, wenn sie zu teuer werden.

Gelehrte räuspern sich, wollen mal eben den Grenznutzen der lebendigen Arbeit wissen und rechnen aus: $1 + 1 = 3$ für sehr hohe Werte von 1. Man nennt das verniedlichend »Neoliberalismus«; es ist Voodoo: Irgendeine unbekannte Magie soll diesem lächerlichen Abrakadabra zufolge Unternehmen, deren Walten »dereguliert«, also keinen anderen Schranken als denen von Angebot und Nachfrage mehr unterworfen ist, mittelfristig bei über Angebot und Nachfrage ausgemendelten »fairen Löhnen« zur Einstellung herumlungernder Unnützer animieren, damit nicht alles auseinanderfällt. In Wirklichkeit passiert das nirgends, wo die genannten Schranken fallen. Denn natürlich stimmt jeder Aufsichtsrat, dessen Mitglieder noch bei Trost sind, jederzeit für eine Beschäftigungs-, Innovations- und Rationalisierungspraxis, die den maximalen Profit erwirtschaftet, statt dafür, aufsässige Autobrandstifter aus der französischen Vorstadt mit attraktiven Aufstiegschancen zu bestechen, damit sie nicht wüten.

Alle wissen das. Inzwischen gibt es selbst bei Ökonomen, denen nie einfallen würde, die bestehende Unordnung anzutasten, einen Namen dafür: *jobless growth*. Gemeint ist ein wirtschaftliches Kennzahlenwachstum, das keine Arbeitsplätze mehr abwirft. Die Gelehrten räuspern sich und schütteln die Köpfe beim Anblick von Statistiken, Törtchengraphiken, demographischen und demoskopischen Erhebungen, aus denen jemand den Faktor »Produktivität« herausgekürzt hat, als täte der nichts zur Sache: Wie schrecklich, so viele sind wir hier, so wenige, so ungleich reich und arm, so ungleich alt und jung …

An allen Brandherden wird separat gewurstelt; gesamtgesellschaftliche Lösungen für gesamtgesellschaftliche Schwierigkeiten hält man für utopisch oder, schlimmer, gleich für totalitär, *apage, Satanas!*
»Privatisierung«, also mehr oder weniger erfolgreiche Piraterie im Interesse der Besitzenden, soll das große Ganze neu formatieren. Sorgen? Man kehre vor der eigenen Tür, hier gibt es keine Gleichheit. Manche haben dafür Staubsauger, eine wachsende Zahl muß es mit den bloßen Händen versuchen.
Angst, die aus dieser Kopflosigkeit folgt, würgt nicht nur die alleinerziehende Mutter mit zwei Jobs oder den Auszubildenden, den niemand ausbildet als die Straße.

Ich habe mächtige Printmedienmacher erlebt, die sich vor ihren angeblich verblödeten Lesern fürchten und sie heimlich verfluchen wie Claudius, König von Dänemark, seine eigenen Sünden. Ich kenne Fernsehintendanten, die von jedem Programmpunkt, den sie verantworten, angeben können, gegen welche Sorte Volkszorn er sie versichern soll, aber von keinem, warum er ihnen selbst gefällt. Ich weiß von Theaterintendanten und Museumsdirektoren, die von ihrer Kunst nur noch die Besucherziffern kennen wollen.
Wie kurz vor der Stampede oder dem Kahlfraß bricht sich allerorten Panik einzelner vor der Masse Bahn und Panik der Masse vor dem Zerfall. Wenn ein Überschuß zwar produziert wird, aber völlig ungeregelt, und wenn seine Verteilung davon abhängt, daß die, die diesen Überschuß verbrauchen könnten,

für irgendwelche Besitzenden noch einen Profit erwirtschaften, dann wird dieser Überschuß unmittelbar sein eigenes Gegenteil, nämlich Armut.

Wer sich in solchen Zeiten, da sich die Härtefälle häufen, nicht mächtigen Schutzherren unterwirft – zum Beispiel, weil er keine mehr findet, denen er sich unterwerfen kann –, muß sehen, wo er bleibt.

Für wen gilt das?
Für alle.

Das heißt: Zunächst und zuerst für den unscharfen Pool von Nichtbesitzenden, der früher, in der Hochmoderne, »Masse« hieß. Massengesellschaft und Vereinzelung; im besitzlosen Alltag ungreifbar gewordener technischer Fortschritt, der statt Wohlstand dessen Gegenteil auswirft: Die Erosion der Reste dessen, was unterm Namen »bürgerliche Gesellschaft« von sich selbst einst glauben wollte, es bestünde aus freien und gleichen Subjekten, schafft die besten Voraussetzungen für die Wiedereinführung von Abhängigkeitsordnungen, die man für längst überwunden hielt.

Der Feudalismus (samt Leibeigenschaft) entstand unter ganz ähnlichen Bedingungen; nämlich als Folge der Eigentums- und Reproduktionskrise des Agrarwesens im Frühmittelalter. Im Rückblick kann man die Zeit, die auf seine Einführung folgte, elend lang nennen, lähmend und finster. Die philosophierenden Freunde des kapitalistischen Produzierens haben das gern und mit überzeugenden Worten getan, als die Bürger den Feudalismus abschafften. Aber stabil genug, sich lange zu halten, war er eben auch. Erst das kapitalistische Produzieren hat ihn schließlich erschüttert, erst der Weltmarkt hat ihn (abgesehen von ein paar bizarren Ölstaaten) beseitigt; derselbe Weltmarkt, der auch die Sklaverei unrentabel machte, weil sie ihren Profiteur ruiniert, wenn der mit ihm konkurrierende Kapitalist seine Lohnabhängigen einfach feuern kann, sobald es nichts zu tun gibt, während der Sklavenhalter seine Sklaven in der Flaute durchfüttern muß.

Heute, da wenige *transnationals* diesen Weltmarkt unter sich aufteilen, ist die Unterbietung des Sklavenhalters durch den Konjunkturopportunisten kein Thema mehr. Statt dessen verwandelt sich letzterer zu seinem eigenen ungeheuchelten Erstaunen immer häufiger wieder in ersteren. Die Konkurrenz erneuert ihre Voraussetzungen nicht unbegrenzt, sondern untergräbt sie früher oder später, weil die Karten nicht bei jeder neuen Runde neu gemischt werden können (und, ein Nebengrund, der eher statistisch als kausal durchschlägt, weil es nicht beliebig viele und beliebig große Märkte gibt, irgendwo in den Wolken. Das Medium für Wachstum ist endlich, da irdisch, aber sein Ende zieht sich).

So setzt sich erneut direkte Herrschaft durch: Was an bürgerlicher, vor allem rechtlicher Gleichstellung vorhanden war, verschwindet. Vorbürgerliche Arten der Machtausübung wie die Folter werden von ehemals bürgerlichen Systemen wiedereingeführt. Als allererstes muß Rousseau über die Klinge springen, samt seiner Idee, gesamtgesellschaftliche Verhältnisse seien grundsätzlich vertragsförmig aufzufassen und einzurichten. Als nächstes stirbt der aufs Einkommen angewandte Rousseau, vulgo Sozialstaat. Schon bröckelt hier und da die Schulpflicht. Bald gerät das Wahlrecht auf die Abschußliste – im unglücklichen England, dessen ohnehin sehr schlechtes, nie wirklich feudalen

Zeiten entwachsenes Bezirkswahlrecht sich zum vernünftigen, nach Parteien geordneten Mehrheitswahlrecht für den gesamten Flächenstaat nie fortentwickeln durfte, hat Margaret Thatcher mit ihrer *poll tax* bereits vor gut zwanzig Jahren einen ersten Vorstoß in die Vergangenheit gewagt, in der Robin Hood der einzige Volksvertreter war, den die Mächtigen ernst nahmen.

In Nordamerika werden inzwischen schon Präsidenten unter Umständen gewählt, bei denen zahlreiche schwarze oder sonstwie abgehängte Wählergruppen gar nicht mehr in Betracht kommen. Und in Deutschland, wo man beim Marsch ins Atavistische und Archaische meist besonders eifrig voranschreitet, wird bereits im Ernst vorgeschlagen, zeugungsstarken Familienvätern zusätzliche Stimmen entsprechend der Zahl ihrer Kinder zu verleihen (weiß Wotan, beim Frühmittelalter machen sie nicht halt; die Sklavenhaltergesellschaft ist ihnen zu neu; es geht direkt zum Stammeswesen zurück).

Politische Niederungen, wirtschaftliche Kommandohöhen: Von »Informationsfeudalismus« sprechen die australischen Sozialwissenschaftler Peter Drahos und John Braithwaite. Das tun sie nicht, um mit zickigen Wortschöpfungen aufzufallen, sondern um über den ja wirklich immer näher liegenden Vergleich mit dem Mittelalter andernfalls vergleichslose, scheinbar nie zuvor beobachtete Tatbestände auf den Begriff zu bringen. Die juristischen Eigentumstitel, deren Besitz heute die Info- und Biogopole in die Lage versetzt, technische Anwendungen der kybernetischen und der Lebenswissenschaften auszubeuten, stehen zur Herstellung der Güter, deren Tausch den Weltmarkt ausmacht, in exakt demselben Verhältnis wie Adelsprädikate und daraus abgeleitete Landrechte zur Agrarwirtschaft der Feudalzeit.

Die Entwickler und Förderer des am 1. Januar 1995 in Kraft getretenen internationalen TRIPS-Abkommens (Trade Related Intellectual Property Rights), reiche Leute in reichen Ländern, »sahen den Reichtum«, so Drahos und Braithwaite, »als etwas, das sich aus der Verfügung über Abstraktionen (wie beispielsweise Patente) ergibt. Ihr entscheidender Einfall war, daß man als Besitzer eines Patents für eine genetisch veränderte Kuh, die zweimal soviel Milch produziert wie eine gewöhnliche, über eine Wertschöpfungsquelle gebietet, die es mit allen Kuhherden sämtlicher Milchbauern der Welt aufnehmen kann. Und weniger Fixkosten verursacht sie außerdem! Hier erkennen wir, daß diese Visionäre den industriellen und den Finanzkapitalismus überwinden und die Zukunft einer Rückkehr zum Feudalismus installieren wollten. Anstatt Wert von den Herden abzuschöpfen, indem er Weideland besitzt und die Herdentreiber zu Vasallen erniedrigt, verfolgt der Infofeudalist die Absicht, das in Besitz zu nehmen, was die Kühe produktiv macht. [...] Dasselbe geschieht mit dem Internet. Es hat sich als Domäne intellektueller Gemeinfreiheit entwickelt, aber die infofeudale Strategie will Türhüter-Software in neue Eigentumsformen überführen, so daß man vor die Wahl gestellt wird, Baron Bill oder irgendeinem anderen infofeudalen Sheriff von Nottingham Steuern und Abgaben zu bezahlen – oder keinen Zugang zum Netz zu haben«.

Das Gemeinwesen, das so wirtschaftet, soll modern sein? Online-Medien berichten im Herbst 2006 von einem muslimischen Theologen, irgendwo weit hinter der Türkei, der sich einen Spaß draus macht, die mißlungene Modernisierung im Herrschaftsbereich seiner Feinde zu verspotten: Ja freilich, die Aufklärung sei schon das Rechte für den Westen gewesen, damit er von seinen primitiven Glaubensvorstellungen geheilt werde. In der arabischen Welt dagegen brauche man so etwas nicht. Schließlich handle es sich beim Christentum um eine falsche, beim Islam aber um die richtige Religion.

Der Mann ahnt Wahres: Seinem Glauben oder einem sehr ähnlichen, nämlich selbstbewußt feudalen, herrischen, illiberalen, gehört die Zukunft, wenn diese denn Verlängerung der schlechten Gegenwart ist. Falls die Christen den Dschihadismus besiegen, werden sie sich, sofern sie ihre Welt ansonsten so lassen, wie sie ist, eines Tages in Sachen allgemeine Geschäftsbedingungen auf ihre eigene finstere Vergangenheit zurückbesinnen und vom finsteren politischen Islam der Jetztzeit immer weniger zu unterscheiden sein. Wer dann zuletzt lacht, heißt nicht Voltaire. Die fromme zentraleuropäische Kirche, nach der sich Novalis in »Die Christenheit oder Europa« zurückgesehnt hat, wird schwerlich die Endstation der Rückbildung des Gemeinwesens aus kapitalistischen, säkularen, modernen Zuständen in protofeudale und sklavenhalterische sein: Spinnrad und Dorfbrunnen kehren nicht zurück. Der verzückte Fanatismus der Kreuzzüge dafür um so schneller – auf beiden Seiten des neuesten Weltschismas (und wieso sollten es zwei bleiben? Die Fronten lassen sich, wie die Vernichtung Jugoslawiens gezeigt hat, jederzeit vervielfältigen).

Der politische Islam der Hamas, al-Quaida oder Hisbollah paßt auf direkte, nicht mehr durch Lohnabhängigkeit, sondern auf Gefolgschaft oder Aussortierung gründende Herrschaftsverhältnisse, wie sie im Westen jetzt wiederkehren, sehr viel besser als das neuzeitliche Christentum mit seiner Betonung des individuellen Seelenheils, der guten Werke und der Gnadenwahl.

In Südamerika wird derzeit schon die frühkapitalistische Schuldknechtschaft wiederbelebt und geht gebietsweise bereits in klassische Sklaverei über, wo *bonded laborers*, Hunderttausende leibeigener Arbeiter, Holz, Gold und Erze heranschaffen, die nach Durchlaufen der Verwertungsketten dann nicht schmutzigen Dritte-Welt-Ganoven, sondern den Krawattenträgern bei General Motors und Toyota die Bilanzen verschönern.

Wenn der Aberglaube an den lohnabhängigen Arbeitsplatz als einzig denkbares Instrument der Vergesellschaftung nicht besiegt wird, geht er früher oder später in ältere, robustere Formen des Mythos über – vielleicht die ägyptische: Warum soll man, wenn die Leute Arbeit brauchen statt Wohlstand, der sich aus der tendenziellen Zurückdrängung der Schufterei ziehen ließe, nicht auch wieder Pyramiden bauen lassen, oder deren postmoderne Äquivalente? Das schafft Beschäftigung, wenn schon sonst nichts, und dazu passen Priesterkaste (vielleicht im Fernsehen zu installieren), Peitsche und Halseisen (vielleicht elektronisch einzurichten). Wozu einen Weltbankchef, wenn wir den Pharao wiederhaben können?

5 Geschichte

»Alle bisherige Geschichte ist die Geschichte von Klassenkämpfen«: Man hat den berühmten Satz aus dem *Manifest der Kommunistischen Partei* ausschließlich als Erklärung von etwas verstehen wollen, das man bereits kennt, aber nicht versteht, statt als Bestimmung von etwas, das man vorhat.
Man hat sich dabei verhalten, als ob ohnehin auf der Hand liege, was Geschichte sei: die Abfolge von Haupt- und Staatsaktionen eben, die man im Geschichtsunterricht lernen kann – Kriege, Krönungen, Landnahmen, Völkerwanderungen. Der Klassen-

kampfbegriff wäre dann nach Ansicht von Marx und Engels der Schlüssel, mit dem man sich diese altvertrauten Phänomene begreiflich machen kann.

Versteht man den Satz aber statt dessen als Losung einer neuen Politik, die eine bestimmte strategische Verwendungsweise des Wortes »Geschichte« festlegen soll, ergibt er einen anderen, praktischen Sinn: Laßt uns ab jetzt gar nicht erst von Geschichte sprechen, wo es nur um Religions- oder Gebietsstreitigkeiten geht.

Angenommen, der berühmte Satz wäre als Tatsachenfeststellung falsch.

Dann müßten, ihn zu falsifizieren, immerhin bedeutsame Dinge passiert sein, die zwar viele Menschen mit nachhaltigen Folgen bewegt haben, aber nicht auf den Klassenbegriff zu bringen sind. Dabei hätten Menschen ihr Handeln an etwas ausrichten müssen, das nicht künstlicher, produzierter, kurz: wirtschaftlicher Art war, sondern etwa biologischer, religiöser oder nationaler. Kämpfe, in denen die Leute NUR als Christen oder Muslime, Angehörige dieses oder jenes Clans, Bewohner dieses oder jenes Erdteils teilnehmen, sind ungeschichtlich, sagen Marx und Engels, weil sich dabei die Menschen wie Tiere aufführen, die um Futterplätze wetteifern oder sich gegenseitig austilgen.

Erst wo Menschen mehr herstellen, als sie verzehren können, erst wo sie Reichtum bilden, erst wo sie sich die Natur per Arbeit aneignen und sich damit auch Mußezeit verschaffen, können sie Geschichte machen – nämlich ihre Verhältnisse untereinander dem Streit, der Abstimmung, der möglichen Einigung unterwerfen.

Marx und Engels schlagen, so gelesen, vor: Die politischen Parteien, zwischen denen Kämpfe stattfinden, die über den Verlauf von Geschichte entscheiden, messen wir an ihrem Verhältnis zur Herstellung und Nutzung von Muße und Überfluß, an ihrer Art, das Mehrprodukt zu erzeugen und zu verteilen.

Dieses Verhältnis war in keinem je erprobten System für alle gleich. Immer gab es große Gruppen, die sich danach unterschieden, wie sie zur Erzeugung und zur Verteilung des Mehrproduktes standen. Das, nichts anderes, Geheimnisvolleres, gar Metaphysisches, waren und sind die Klassen.

Wo ein Mensch sagt: »Ich habe diese oder jene Forderung, weil ich bei der Bildung von mehr Reichtum, als meine Gesellschaft zur Selbsterhaltung braucht, diese oder jene Rolle spiele – als Sklavin, Sklavenbesitzer, Lohnarbeiter oder Physikerin«, wird Wichtigeres gesagt, als jeder Satz sagen kann, der mit: »Ich als Mutter, als Rothaariger, als Normannin, als Hindu …« anfängt.

Wer Gerechtigkeit nicht als Deutscher oder als Linkshänderin fordert, sondern als Gattungswesen, das allseitigen Reichtum schaffen kann, aber aufgrund der Einrichtung der Gesellschaft davon ausgeschlossen ist, diese Fähigkeit im vollen Umfang zu verwirklichen und zu genießen, begibt sich in den Klassenkampf.

6 Leider

Wir sind nicht danach, daß uns dieser simple Gedanke unmittelbar einginge.

Raffgier und pfiffige Blödheit finden wir anziehend; der Aufruf zur Solidarität dagegen quält uns, weil wir wissen, daß wir ihm, auf die Probe gestellt, oft genug nicht entsprechen werden. Das

blödsinnige System, das wir ertragen, erzeugt nichts als Streik-
brecher, die sich in die eigene Tasche lügen und davon sogar
manchmal wirklich leben können (was man so leben nennt).
Frankfurt am Main, Sommer 2006: Nach wochenlangem Har-
monieballett mit anstrengenden Fußballverstrahlten geht die
Polizei plötzlich entschieden ruppiger mit lästigen Appellen
ans soziale Gewissen auf zwei Beinen um, die U-Bahn-Zugänge
blockieren. Die traurigen Gestalten wollen »freie Bildung« – das
steht auf ihren Zetteln und ist ein putziger Anglizismus; sie meinen damit, daß das Lernen die Lernenden nichts kosten soll,
sondern vom Gemeinwesen bezahlt werden muß, weil dieses
gut ausgebildete Leute braucht.

Die Studierenden streiken und demonstrieren für die Polizisten
mit, von denen sie angegnatzt werden. Denn auch der Polizist
will bei Verhandlungen mit der Verwaltung ja Leute vor sich haben, die wissen, was Lohnarbeit ist. Der Anwaltssohn im Mini-
sterium wird sich weniger aus der unterbesetzten Wache machen
als die Tochter, sagen wir: einer Polizistin. Die Ordnungskräfte
jedoch verhalten sich, als wüßten sie nicht, was ihre Interessen
sind. Sie kennen ihre Befehle, nicht ihre Lage.
Sie haben Pflichtbewußtsein, nicht Klassenbewußtsein.

Zur selben Zeit drucken die Zeitungen Nachrufe auf den zeitweise äußerst mächtigen und schwerreichen Idioten Kenneth
Lay, der 2001 zusammen mit anderen Managern die Enron-Plei-
te orchestriert hat, bei der Hunderttausende Nichterben ihre
Pensionen und sonstigen kleinen Vermögen verloren haben. Die
Nachrufe sind durchweg Texte, in denen Tragik mitorgelt: Es ar-
tikuliert sich darin das Staunen über so ein Leben, als bewunder-
ten journalistische Lohnschreiber nicht einmal klammheimlich,

sondern recht offen einen, der sich endlich mal was herausgenommen hat. Dem, der sich selbst der Nächste war, kann keiner lange böse sein.

Die Polizei kennt ihre Freunde nicht, die Lohnschreiber berichten fasziniert von den Streichen der Feinde aller Lohnabhängigen.

Sich selbst der Nächste sein: Diese Dummheit ist natürlich nicht nur dumm, sie hat auch ihr Vernünftiges. Ein uneigennützig heiliger Franz-von-Assisi-Kommunismus wäre in der Tat noch abgeschmackter; reich, wie wir sind. Ich habe nichts gegen Egoisten. Bloß ein bißchen egoistischer könnten sie sein.

Ausgangspunkt hat nicht das schlechte Gewissen derer zu werden, die sich ein Stück vom Kuchen ergaunern wollen, sondern das Wissen darüber, wie groß der tatsächlich ist und wie man ihn vergrößert.
Sägen am Ast, auf dem man sitzt? Schön wär's. Sie beißen sich am Baum die Zähne aus und lassen die Äpfel liegen.

7 Waldbrand

Als wären der Marxismus unbeschädigt, die Arbeiterbewegung ungebremst auf dem Vormarsch und der Klassenstandpunkt Ehrensache für Oppositionelle, hört man auch heute noch Linke, die ihr bißchen Marx in den falschen Hals gekriegt haben, über die Naturwissenschaften schimpfen, diese seien »bürgerlich« und darum »Ideologie«, soll heißen: eine Form von notwendig falschem Bewußtsein.

Die opportunistischeren unter diesen Schwätzern hoffen wohl, vom *taedium scientiae* profitieren zu können, der sogenannten Wissenschaftsskepsis, die seit dem Aufkommen des Imperialismus vor rund hundert Jahren in immer neuen Formen die ja nun wirklich bürgerliche öffentliche Meinung in den kapitalistischen Staaten erfaßt. Die Varianten reichen von der sogenannten »Lebensphilosophie« der Weimarer Zeit bis zur »neuen Spiritualität« der achtziger Jahre des zwanzigsten Jahrhunderts. Dazwischen hat alles Platz, was sich wenigstens ein bißchen über die Aufklärung grämt, von Adorno bis Islam. Endlich, seufzen die linken Philister, dürfen wir auch mal sagen, was der Stammtisch immer sagt, nämlich daß die Weißkittel und Eierköpfe in ihren Labors uns alle Übel dieser Welt eingebrockt haben. Vielleicht macht uns das ja ein bißchen beliebter. Die Monopolisten, nicht nur die der Medien, entziehen niemandem das Wort, der da mitquasselt.

Die Vorfahren der heutigen Medienzaren, die frühen Bürger, hielten es noch mit den Wissenschaften. Dies taten sie nicht nur, weil sie (wie ihre unwürdigen Erben) deren technische Früchte gern ernten wollten, sondern auch, weil sie sich im Kampf mit einer Privilegienordnung befanden, deren Adel und Klerus von religiöser Herrschaftsbeweihräucherung zehrten (und aufs Forschen nichts gaben).
Aber die Früchte gaben den Ausschlag: Die bürgerliche Art und Weise, das Mehrprodukt zu erzeugen und anzueignen, profitierte überall von der Verwissenschaftlichung des Erzeugens und Aneignens. Die Fabrik braucht den Ingenieur (das Feld des Sklavenhalters oder Feudalherrn nur den Aufseher).

Soll die neuzeitliche Wissenschaft doch bürgerlich heißen.
Lenin hat bei passender Gelegenheit seinen Genossen die Beleh-

rung nicht erspart, daß nicht nur in der Wissenschaft, sondern selbst in der bürgerlichen Kunst und Kultur, die doch weit eher unter Ideologieverdacht gestellt werden könnte als, sagen wir, die Physik, zahlreiche Dinge zu finden sind, die man ungern durch gutgemeinte Laienmalerei von Maschinenschlossern oder Limericks mutiger Soldaten des Volkes abgelöst sähe.

Bürgerlich im besten Sinn sind ja nicht zuletzt ein paar die ganze Neuzeit hindurch heftig umstrittene Begründungen dafür, daß Wohlfahrt und Freiheit möglichst aller Individuen im Gemeinwesen überhaupt höchstes Ziel jeder Politik sein sollten – statt etwa imperiale Größe, allgemeine Sittenstrenge oder völkische Homogenität.

Die Verwirklichung solchen Grundsatzes versprachen sich die Bürger, die ihn aufstellten, bekanntlich von der Verwissenschaftlichung nicht allein der Erzeugungsweise, sondern auch der Verkehrsformen und des gesamten öffentlichen Lebens. Hierzu galt es, besagten Grundsatz und seine Begründungen im öffentlichen Bewußtsein zu verankern. Das, also nicht, wie der rechte Flügel der sogenannten Kritischen Theorie oder Foucault suggerieren, irgendeine bös zentralistische und bürokratische verwaltete Welt (die vielmehr aus dem Absolutismus kommt, also aus dem Klassenkompromiß, nicht aus dem politischen bürgerlichen Aufstiegskampf), nannte man Aufklärung.

Die größten praktischen Schritte in diese Richtung unternahm das Bürgertum in der Epoche unmittelbar vor und während der Französischen Revolution.

Diese Revolution ist, schreibt Cornelius Castoriadis, »die erste Revolution, die klar und deutlich den Gedanken einer expliziten Selbstinstitution der Gesellschaft zum Ausdruck bringt. Bis dahin kannte man in der Weltgeschichte nur Brotrevolten, Sklavenaufstände, Bauernkriege; man kannte Staatsstreiche, reformfreudige Monarchen, auch einige mehr oder minder radikale Neuinstitutionen, wie die Mohammeds zum Beispiel, der sich jedoch auf die Offenbarung beruft, das heißt einen Ursprung und eine Grundlage außerhalb der Gesellschaft. In Frankreich ist es jedoch die Gesellschaft selbst, oder ein großer Teil dieser Gesellschaft, die sich in ein Unternehmen stürzt, das sehr rasch eines der expliziten Selbstinstitution wird«.

Der sozialistische Dichter Peter Hacks hat die Französische Revolution dafür noch zweihundert Jahre später gelobt: »Nichts ging mehr ohne Begründung. Nichts verstand sich mehr von alters oder von selbst. (Ausgenommen freilich das Eigentum, das laut Gesetz ununtersucht bleiben mußte. Aber diese Ausnahme hatte keine große Aussicht auf Dauer, nicht wahr?) Die Revolution erzeugte eine Tatsache, indem sie mit der lauten Stimme einer ganzen Nation nach ihr fragte. Diese Tatsache ist die wissenschaftliche Gesellschaft. Die voraussetzungslose Gesellschaft. Die Gesellschaft, die allein von Menschen gedacht und gemacht wird. Die Gesellschaft, im Hinblick auf den Gesamtnutzen berechnet. Die Gesellschaft nach dem Naturrecht: die unnatürliche Gesellschaft also. *La société machine*. Der Staat.«

Unterschätzt aber so ein revolutionärer und rationalistischer bürgerlicher Etatismus nicht 1.) die Schwierigkeiten, die das Gesellschaftliche als solches dem Unternehmen einer »unnatürlichen Gesellschaft« entgegensetzt? Vergewaltigt er nicht das Individuum? Wie steht es 2.) um Trägheit, Komplexität und andere emergente Eigenschaften der Sozietät, die man nicht über einen universalistischen Kamm namens »Staat« scheren darf?

Wie, kurz gefragt, steht es mit allem, was nicht *machine* ist am Gemeinwesen?

Die Antwort der revolutionären Klassiker, und zwar der bürgerlichen wie später der sozialistischen, beachtet beide Einwände, den der Freiheitspartei und den der Furcht vor nicht zu bändigendem Komplexitätsgestrüpp. Die Freiheit, sagen sie, wird im unnatürlichen Gemeinwesen dadurch geschützt, daß es ein demokratisches und rechtsstaatliches ist. Die Trägheit und das Ausfransen dagegen werden bekämpft mittels Planung.

Demokratie gegen Unterdrückung, Planung gegen Chaos: Ein Staat, der nur dazu da ist, diese beiden Einrichtungen gegen Interessen zu schützen, die sich von Unterdrückung und Chaos etwas versprechen, verliert mittel- bis langfristig seinen Staats-, nämlich Zwangscharakter. Wo Maßnahmen von allen oder doch der großen Mehrheit beschlossen und getragen werden, sind sie, in endlicher Einlösung des Rousseauschen Anspruchs, am Ende einfach Vereinbarungen, nicht Hoheitsakte.

Das meint Engels, wenn er über den Staat, der solcher Vernunft gehorcht, sagt, er »stirbt ab«. Wo sich die Leute selbst regieren, kann von Regierung schließlich nicht mehr die Rede sein, nur mehr von Zielen und Mitteln, auf die man sich je und je einigt (*ad hoc*, weshalb dem Schriftsteller und Philosophen Karl Schroeder dazu das schöne Wort von der »Adhocratie« eingefallen ist).

Marx und Engels nennen, was dabei herauskommt, »freie Assoziation der Produzenten«, oder mit einem bekannteren Ausdruck: »Kommunismus«. Wenn man unbedingt den Gegensatz zum überkommenen Staatswesen (statt die Struktur der Produktion und deren Planung) als das Wesentliche der Sache ansehen will, kann man auch »Anarchie« dazu sagen.

Welche Hindernisse und Steuerungstücken den Weg dahin selbst dann beschwerlich machen würden, wenn es niemanden gäbe, der etwas dagegen hat (und unternimmt), hat der »Adhocratie«-Erfinder Schroeder in seinem politischen Technoroman *Lady of Mazes* erläutert: »Wann immer man ein großes, intern mit vielen wechselseitigen Verbindungen versehenes System einrichtet, geht man das Risiko ein, daß es in einen kritischen Zustand kippt.«

Schroeder illustriert den Gedanken am Beispiel eines abschüssigen Sandstrands: Wenn man ein Sandkörnchen nach dem andern auf eine Düne fallen läßt, bleiben zwar die meisten einfach liegen. Hin und wieder jedoch kommt das gesamte Arrangement ins Rutschen, dazu reicht dann ein Körnchen. (Für die verblüffend ahistorisch denkenden Sozialkonstruktivisten der Gegenwart sei ergänzt: Aus nichts anderem als solchen Sandkörnchenvorfällen, also zufälligen Gelände-, Klima-, Waffen- oder Produktivkraftvorsprüngen sind alle sozialen Unrechtserscheinungen entstanden, die dann in Großgeißeln wie der Sklavenhalterei, dem Feudalismus oder dem Monopol gipfelten.)

Ist das arme einzelne Menschlein in jeder Gesellschaft aufgrund der Uneinsehbarkeit des Ganzen und der mangelhaften Rechenleistung denkbarer Planer also notwendig doch immer blinden Kräften ausgeliefert, die es nicht kontrollieren kann, und der Kommunismus sensu Marx und Engels folglich prinzipiell unmöglich?

Glaubt man Friedrich von Hayek oder Ludwig von Mises, so ist dies nicht nur der Fall, sondern darüber hinaus stört generell jeder Versuch, daran mit Vorsatz etwas zu ändern, die naturwüchsig bis zur relativen Erträglichkeit austarierte Realität unserer nun einmal vorhandenen sozialen Systeme.

Wundersamerweise wollen diese Denker trotzdem nicht die Ur-
horde zurückhaben.

Daß alles schon richtig so sei, wie es zufällig kam, und jedes
Daranrühren unweigerlich schreckliche Lawinen lostrete, soll
nämlich erst für den Kapitalismus gelten, für dasjenige System
also, das sich im Geben und Nehmen via Angebot und Nachfrage weiß der Teufel wie entwickelt hat.

Schroeders Antwort auf diesen Kurzschluß, den man »ultrali-
beralen Fatalismus« taufen könnte, ist salomonisch, das heißt
dialektisch: Ganz recht, Planung kann selbstverständlich nicht
alles, sicher nicht das Paradies auf Erden herbeizaubern, aber
sie vermag doch ab einem gewissen Stand der Planungsinstru-
mente mehr als das Laisser-faire, und nur darauf kommt es an:
»Selbstverständlich ist man oft blinden Gewalten ausgeliefert.
Aber sie lassen sich bändigen. Der Trick beruht darauf, daß
man Systeme wenigstens näherungsweise so organisieren oder
optimieren kann, daß die kritischen und katastrophalen Zustände abstumpfen, daß sie gedämpft werden. Der Sandhaufen
läßt sich plätten. Waldbrände zum Beispiel folgen denselben
Wahrscheinlichkeitspotenzgesetzen wie menschliche Konflikte:
Jedes Feuer beliebiger Größe ist zweimal so wahrscheinlich wie
ein Feuer doppelten Umfangs. Man kann die Wahrscheinlichkeit der größeren Brände dramatisch senken, indem man die
Beschaffenheit des Waldes verändert. Ein Wald ist ein in sich
vielfältig verbundenes System. Arrangiere die Verbindungen um,
und das Feuer kann sich nicht ausbreiten.«

Das Prinzip der gezielten Vermeidung von Feuer im Sozialen ist
die Idee einer Ordnung, in der die Macht von Menschen über
Menschen, also jene Sorte Verbindung, die sich das Feuer zunutze

macht, eingeschränkt wird – durch bestimmte unveräußerliche Rechte vor allem, die dem Menschen qua seiner Natur, also weil er ein Mensch ist, zugeschrieben werden, obwohl sich die Natur selbst, etwa in ihrer besonderen Gestalt als Wirbelsturm oder Raubtier, um solche Unveräußerlichkeiten den bekannten Dreck kümmert (das Naturrecht, sagt die Linke immer wieder, ist gut, weil es nicht natürlich, sondern künstlich ist).

8 Adelsrechte oder Menschenwürde

Menschenrecht ist so widernatürlich wie Naturwissenschaft: Daß man Naturvorgänge kapiert, ist für deren Ablauf nicht nötig, sondern ein Luxus, der eine sehr grundsätzliche Differenz zwischen ihnen und dem menschlichen Handeln setzt.

Dagegen ist das in Vorrechten für den Adel gipfelnde Recht der ständischen Gesellschaft, auf das sich neuzeitliche Reaktionäre – das Wort ist kein Schimpfname, sondern bezeichnet präzise alle Gegner der Französischen Revolution und ihrer späteren Zuspitzungen – von de Maîstre bis zu den neuheidnischen Sekten gern berufen, tatsächlich natürlich: Es gibt nämlich, wie die Ethologie lehrt, bei den Wölfen und Affen durchaus Adlige. In unsern Tagen, am traurigen Tiefpunkt der bürgerlichen Geschichte, geht es umgekehrt bei den Menschen immer wölfischer und affiger zu. Liest man die Listen der reichsten Bürger, die manchmal von Wirtschaftsmagazinen veröffentlicht werden, so verfestigt sich die Ahnung, daß die Unterscheidung der Menschen nach Geburt und Herkommen 1789 eine gesündere Zukunft vor sich hatte, als man Robespierre hätte plausibel machen können. Es sind immer dieselben Namen, nur das »von und zu« fehlt noch.

Seit der Sohn eines Präsidenten der Vereinigten Staaten weitgehend unabhängig von Befähigungsnachweisen, Sinn und Verstand wiederum Präsident der Vereinigten Staaten werden konnte, während in Florida ein Gouverneur aus derselben Familie in Wartestellung verharrt, um mit etwas Glück eines Tages König Bush III. zu werden, ist selbst in den USA, die doch immerhin ausdrücklich als Akt der Zurückweisung alteuropäischer Geburtsprivilegienherrschaft geschaffen wurden, der Familienroman wieder das passende Genre für die politische und ökonomische Geschichtsschreibung. Thomas Paine, ein bürgerlicher Revolutionär, ohne dessen publizistisches Wirken die nordamerikanische Geschichte einen anderen Verlauf genommen hätte, wäre von solchem Erbpräsidententum noch schlecht geworden. Ihm lag nicht nur die strikte Trennung von Politik und Religion am Herzen, die man bis heute in Bagdad, München, Rom, Teheran und Washington einfach nicht lernen will. Er war überdies der Ansicht, jede Art politischer Einflußnahme, die aus Blutsverbindungen stammt und keiner öffentlichen Kontrolle unterworfen ist, sei eine Schande für die Gesellschaft, die sie sich gefallen läßt. Paines Parteinahme in Schriften wie *Common Sense* (1776) oder *The Rights of Man* (1792) zeigt ihn auf einer Linie mit sämtlichen anderen französischen und amerikanischen revolutionären Bürgern von Rang. Sie alle verfolgten dieselben Ziele: die Sicherstellung der Befriedigung fixer menschlicher Bedürfnisse und die Erhebung der menschlichen Würde zum garantierten Rechtsgut.

Was für Bedürfnisse, welche Würde?
Daß es fixe Bedürfnisse überhaupt gibt, wird nicht nur von nominell orthodoxen Marxisten, sondern auch von deren mal offenen, mal gewunden argumentierenden Gegnern – vom rechten

Flügel der Kritischen Theorie bis zum Poststrukturalismus – geleugnet (als hätten nicht schon Marx und Engels die Leugnung fixer Bedürfnisse durch Max Stirner damit erledigt, daß sie ihm empfahlen, er solle mit dem Essen aufhören).

Im Erhalt des Organismus jedoch, auf den alle fixen Bedürfnisse abzielen, erschöpft sich das »Recht aller Menschen« sensu Thomas Paine oder Robespierre gerade nicht. Die Bestimmung dessen, was da fehlt, um freie Menschen zu machen, nämlich der Menschenwürde, wurde von den Franzosen und ihren amerikanischen Freunden meist, darin Rousseau folgend, umständlich aus der Tatsache deduziert, daß Menschen soziale Wesen sind.

Am Ende solcher Überlegungen sprang als Essenz des Menschlichen dann oft so etwas wie die »Tugend« heraus, eine Art Balance von Selbstverantwortlichkeit und Gemeinsinn (deren im revolutionären Parteinkampf schwankendes Maß bestimmte, wer unter die Guillotine mußte).

Es ist vermutlich zweckmäßiger, weniger essentialistisch und unhistorisch zu argumentieren als die jakobinischen Tugendwächter (wenn auch eine Bundesrepublik, die es nicht fertigbringt, Saint-Just gegen das Verglichenwerden mit Himmler durch einen Büchnerpreisträger zu verteidigen, das Recht auf ihr solide bürgerliches Grundgesetz im Grunde verwirkt hat).

Mein Vorschlag lautet, Würde als eine abhängige Variable nicht der Tugend, der Kultur, der Religion oder anderer gasförmiger Idealzustände zu bestimmen, sondern schlicht als eine Größe, die geeicht werden muß am Stand der Produktivkräfte und den von diesen je ermöglichten liberalsten erreichbaren Verkehrsverhältnissen.

Wenn das ärmste Mitglied eines steinzeitlichen Stammes – vermutlich eins, das aus irgendeinem Grund nicht selbst jagen oder sammeln kann – von seinen Mitmenschen genug zu essen und eine Unterkunft erhält, aber sonst nichts, ist das nicht unter seiner Würde, weil diese unter derart primitiven Voraussetzungen mit dem bloßen Erhalt der Existenz noch unmittelbar zusammenfällt. Wer aber etwa einem Asylsuchenden oder Arbeitslosen in der reichen Bundesrepublik Deutschland des Jahres 2007 bloß Naturalien und eine mehr oder weniger erträgliche Bleibe anbietet, der schützt zwar das nackte Leben solcher Almosenempfänger, verletzt aber ihre Würde, weil alle anderen Gesellschaftsmitglieder eben nicht mehr jagen oder sammeln, sondern an einer Warenwirtschaft teilhaben, in der Bedürfnisse per Tausch, vermittelt über ein allgemeines Tauschäquivalent, das Geld, befriedigt werden.

Dem Armen zu verweigern, daß er sich frei aussuchen darf, was er von seinem geldwerten Almosen kauft, kann man zwar despotisch, rassistisch oder kulturalistisch rechtfertigen (warum soll der denn mehr haben als die nackte Existenz, er gehört doch nicht zu uns?), aber nicht mit der universalistischen Idee einer Menschenwürde vereinbaren (die ja auch historisch genau zu dem Zeitpunkt aufkommt, da der Stand der Produktivkräfte im kapitalistischen Produktionsverhältnis den allgemeinen Reichtum erzeugt). Essensgutscheine sind auf dem Stand der großen Industrie und jedem erweiterten Stand, der nach ihm kommen mag, so obszön wie Judensterne, Kastentrennung oder Brandzeichen auf Sklavenstirnen.

9 Existenzgeld

Man findet in unseren reichen Gegenden inzwischen genug Gutwillige, die einsehen, daß man nicht leben kann, wie wir das tun. Also Schluß mit dem Unrecht, der Ausbeutung, der Ausschließung und dem Raubbau nicht allein an der Natur, als vielmehr an der menschlichen Schöpferkraft. Schön, und wie erreicht man das?

Durch Umverteilung, heißt es dann, wie sich das Reformisten immer schon gedacht haben. Da muß man nämlich nicht nennenswert in die Produktion eingreifen, keine mühsame Selbsterziehung der Mehrheit organisieren und sich nicht an der gewaltigen Aufgabe blamieren, die ungeplante Welt in eine geplante zu verwandeln.

Das neueste Zauberwort der Umverteiler heißt »Existenzgeld«. Sie werden nicht mißtrauisch, wenn ihnen dafür selbst aus Kapitalistenkreisen das eine oder andere Lob für den wertvollen Denkanstoß zuteil wird (Kaufkrafterhaltung, Binnennachfrage … die armen Chefs haben halt auch nur BWL studiert). Hier hat man also immerhin verstanden, daß die Lohnarbeit zunehmend schlechter geeignet ist, das Gemeinwesen zusammenzuhalten. Ich wiederhole: Leute fallen heraus oder gelangen gar nicht mehr an die begehrten (andererseits vielleicht gar nicht allzusehr begehrten) Arbeitsplätze, von deren ausreichender Anzahl und ordentlicher Belegung angeblich Wohl und Wehe aller abhängen. Also, schließen die Umverteiler, muß man denen, die draußen sind, eine Art Gnadenfixum aushändigen – einen Betrag, der die Kosten des Lebendigseins und am besten noch ein bißchen zivilgesellschaftliches *je-ne-sais-quoi* abdecken soll.

Als taktische Forderung ist das natürlich in Ordnung, so wie jede

Zumutung an die Herrschenden, weil die Verteilungskämpfe, die einsetzen, wo damit ernst gemacht wird, sehr schnell die Fronten klären.

Nicht bedacht wird von denen, die vorher haltmachen wollen und ihr Genüge an der Umverteilung hätten, was auch diejenigen nicht bedachten, die glaubten, der Sozialismus ließe sich auf der Zivilisationsstufe »Industriegesellschaft plus Weltmarkt« zur Not auch auf Jahrzehnte in einem einzelnen, auf diesem Weltmarkt nicht besonders starken, sondern reichlich rückständigen Land so realisieren, daß er Beispielwirkung genug entfalte, die Welt zu verändern, zumindest aber einen einzelnen Kontinent oder wenigstens eine Himmelsrichtung (Osten). Engels (nicht Trotzki, für diejenigen, die behaupten, der hätte dies als erster gesehen) war noch dagegen deutlich geworden: »Die große Industrie hat schon allein dadurch, daß sie den Weltmarkt geschaffen hat, alle Völker der Erde, und namentlich die zivilisierten, in eine solche Verbindung miteinander gebracht, daß jedes einzelne Volk davon abhängig ist, was bei einem andern geschieht.«

Sozialismus als abhängige Größe der Nationalitätenfrage? Ein national verfaßter Stützpunkt wider ein Halbjahrhundert der Reaktion? Daß man so etwas notgedrungen versucht, wenn alle anderen Länder, Kontinente oder Himmelsrichtungen einem aus irgendwelchen Gründen (in Deutschland war's nach dem Ersten Weltkrieg die SPD) nicht den Gefallen tun, die Revolution zuzulassen, ist nichts an sich Ehrenrühriges. Ziehen die entwickelteren Staaten aber nicht nach, sondern bleiben kapitalistisch, das heißt: feindlich, dann wird sich der strategische Vorteil der besitzenden Klassen dieser Feindstaaten bald bemerkbar machen: Sie können ihren Lohnabhängigen im Widersetzlichkeitsfall mit Entlassung, Verlust der Wohnung und ähnlichem drohen, während der umzingelte Sozialismus dergleichen nicht einsetzen darf, wenn er nicht jede Legitimation verlieren will. Er hat nur die Peitsche. Die Garantien sozialer Sicherheit machen ja unter solchen Bedingungen geradezu sein Wesen aus, sein einziges (und in diesem Fall reichlich karges) Positivum. Will er seine eigenen Modernisierungsanforderungen unter diesen Umständen dennoch erfüllen, wird er schnell sehr ungemütlich, und das entstellt und verschmutzt seine Vorzüge je nach Lage bis zur Unbrauchbarkeit.

In Schroeders Forstfeuerbild: Feuchte Inseln im Wald können den Brand nicht stoppen, sie können nur einige wenige Bäume eine Weile kühl halten, bis der um sie her tobende Feuersturm sie schließlich doch erfaßt.

Genau wie viele Ostsozialisten (allen voran der verrückte Chruschtschow, der den Leuten abwechselnd den Kommunismus hinter der nächsten Straßenecke versprach und dann wieder davon träumte, sich mit dem Westen auszusöhnen) zeitlebens nur einen unzureichenden und verharmlosenden Begriff davon hatten, was Weltmarkt eigentlich bedeutet, ist auch den Existenzgeldfreunden offenbar nicht klar, wie eine kapitalistische Warenwirtschaft funktioniert. Was sie da für die Schlechtweggekommenen ein bißchen auspolstern wollen, lebt von der Ware-Geld-Beziehung, die sich die Arbeitskraft gefügig macht, also vom Lohn, vom Preis und vom Profit. Diese Beziehung für eine Gruppe von sogenannten sozial Schwachen einseitig ausheben zu wollen, vernachlässigt die Totalität des Systems, das die Reichtümer herstellt, von denen man den armen Teufeln etwas abgeben will.

Wird das Existenzgeld ausbezahlt, so gibt es nur zwei Möglichkeiten: Entweder es handelt sich dabei 1.) um »richtiges Geld«, allgemeines Tauschäquivalent, mit dem auch Arbeiterinnen, Angestellte oder Kapitaleigner sich das kaufen, was sie brauchen oder haben wollen. Dann erzeugt so ein Existenzgroschen, weil er ohne Gegenleistung abgetreten wird, im Bann der tauschregulierenden Gesetze von Angebot und Nachfrage langfristig einfach Inflation, ja Reallohnsenkung in etwa der Höhe des Sockels, den das Existenzgeld beträgt (die Sache mag eine Weile pulsieren, ihr Grenzwert steht fest).

Geld ist nämlich soviel wert wie die Waren, die damit gekauft werden können, und deren Preis wiederum hängt innerhalb überschaubarer Margen ab von den Löhnen derer, die sie herstellen, sowie von den Profiterwartungen derer, die diese Lohnabhängigen beschäftigen. Das Existenzgeld wirkt, wenn es echtes Geld ist, als banale Wertvernichtungsvorrichtung. Was man ohne Gegenleistung hergibt, ist in einer Warenwirtschaft definitionsgemäß Müll.

Die Alternative hierzu ist kaum verlockender, nämlich daß es sich beim Existenzgeld 2.) um ein irgendwie gekennzeichnetes besonderes Schwundgeld für genau einzugrenzende Gruppen von Unterstützungsempfängern handelt, das aus den allgemeinen Bilanzen per Gnadenakt ausgeklammert wird. Dann macht es nicht aus den Waren, die es kaufen kann, Müll, sondern ist gleich selber welcher. Die Scheine werden zu Verzehrmarken für den Verbrauch von unverkäuflichem Überschuß. Durch Ausgabe eines solchen Sondergeldes läßt sich das Ziel der Integration andernfalls Aussätziger natürlich nicht erreichen; der Bon ist ja keine Eintrittskarte zum Gemeinwesen, sondern Ausweis der Minderwertigkeit, Hundewährung für denkende Haustiere.

Da trifft die Mindestlohnidee schon eher den Nerv des Systems (weswegen das Kapital auch empfindlicher darauf reagiert, siehe die entsprechende Debatte in Deutschland Ende 2007). Aber die wirft unausweichlich das Problem der Unmöglichkeit einzelstaatlicher Lösungen auf – was, wenn der mindestlohnmuffelige Kapitalist einfach nach Tschechien »outsourct« oder Lohndrücker importiert?

Lokale Abhilfe ist illusorisch.

Ähnlich Deprimierendes ging am Ende vielleicht auch den leitenden Kadern in den Staatsparteien der Sowjetunion und der DDR auf, als diese sich ihr Existenzgeld von Franz Josef Strauß und Helmut Kohl in Form sogenannter Milliardenkredite besorgten. Das erste Untergangssignal war nicht der Ärger mit renitenten Liedermachern oder die massenhafte Flucht der verfassungsmäßigen Souveräne in den Westen, sondern die wachsende Neigung, sich Antikapitalismus und Antiimperialismus vom Kapitalismus und vom Imperialismus stützen zu lassen.

Eine Aufhebung des Weltsystems der Ware-Geld-Arbeit-Beziehung ist nun mal nur mit dem Hebel der weitestentwickelten Erzeugungsweise denkbar. Unterhalb einer solchen Aufhebung aber, die selbstredend nicht auf einmal passieren kann, sondern wie jede Vorbeugungsmaßnahme gegen Waldbrände ihre logischen Einzelschritte hat, sind die Übel nicht loszuwerden, denen zeitgenössische Idealisten mit Neoreformismus oder erneutem Verstaatlichungssozialismus glücklicher Rohstoffinseln (Venezuela etc.) wehren wollen.

10 Wie kaltherzig sind Computer?

Johann Georg Hamann, der »Magus des Nordens« und entschiedenste deutsche Gegenaufklärer des achtzehnten Jahrhunderts, besaß die Gabe des zweiten Gesichts: Er hat lange vor dem ersten Programmierer über den Computer geschimpft, den es damals noch gar nicht gab, nämlich über »alle leidigen Kopier- und Rechnungsmaschinen«.

Dieselben Vorrichtungen, um einiges verbessert, bringen heute, nach dem Kalten Krieg, die ausgewiesenen Marxisten Paul Cockshott und Allin Cottrell (*Alternativen aus dem Rechner*), in Versuchung, das Undenkbare zu erwägen – eine demokratische Planwirtschaft: »Beim Gebrauch heutiger Supercomputer ist die Berechnung der Arbeitszeiten für eine ganze Volkswirtschaft in nur wenigen Minuten machbar. Diese Computer sind teuer, aber nicht unerschwinglich. Sie werden schon als Internet-Server und in der wissenschaftlichen Forschung eingesetzt. […] Die aktuelle Berechnung der Arbeitswerte ist nur ein Teil des Problems. Die Gleichungen können nur von einem großen Server gelöst werden, falls die dazugehörigen Daten unbearbeitet sind. Die für die Sammlung und Verteilung der Daten erforderliche Technologie muß nicht teuer sein. Vier Komponenten werden gebraucht: ein öffentliches Telefonnetzwerk, eine Reihe von Internetzugängen, ein PC mit einem Modem und ein allgemeines Artikelkennzeichnungssystem, wie es für den Einzelhandel entwickelt wurde. Die Artikel können für alle Waren über einen Barcode eingelesen und angezeigt werden Auch Länder mit bescheidenem industriellem Entwicklungsniveau verfügen über diese Einrichtungen. Es ist gängige Praxis für alle Firmen, mit Ausnahme der kleinsten, Kostenanalyse auf einem

PC mit einem Tabellenkalkulationsprogramm zu betreiben. In unserem hypothetischen sozialistischen Wirtschaftsmodell benutzt jede Produktionsstätte solch ein Softwarepaket, um ein Modell seines Produktionsprozesses abzubilden. [...] Benutzt man dieses verteilte Kalkulationssystem in jeder Produktionsstätte, so ist die Veranschlagung der momentanen sozialen Arbeitskosten zwar nicht minutengenau, jedoch tagesgenau verfügbar. Das ist viel schneller als das, was eine kapitalistische Markwirtschaft je erreichen kann, und schnell genug für alle praktischen Belange.«

In Zeiten von CAD/CAM (*Computer Aided Design / Computer Aided Manufacturing*), das heißt komplett digitalrechnergesteuerter Produktion, und an der Schwelle zum *Ubicomp* (*Ubiquitous Computing*), also allgegenwärtigen Netzen, könnte der Stand der Informationstechnik nicht nur Leute wie Cockshott und Cottrell, sondern sogar Liberale auf ähnlich verbotene Ideen bringen.

Die reden dann vielleicht nicht vom Sozialismus, sondern vom japanischen Wirtschaftsministerium und seiner Erfolgsgeschichte bei der Kooperation mit den einheimischen Unternehmen. In beiden Fällen klemmt sich die unsichtbare Hand beim Griff in die Registrierkasse plötzlich die Finger.

Eine Warnung: Man kann von Produktivkraftfortschritten auch zu bezaubert sein. So erzählt Heinz Dieterich in seiner Abhandlung über den *Sozialismus des 21. Jahrhunderts*, ihm sei an den Schriften von Cockshott und Cottrell aufgegangen, daß alle bisherigen Planwirtschaftsversuche an der Nichtverfügbarkeit der nötigen Computertechnik gescheitert seien (neben weiteren Faktoren, von denen auch die FDP weiß, zum Beispiel »mangelnder politisch-wissenschaftlicher Freiheit«). Gleichzeitig preist er Marx und Engels; aber wofür bloß, wenn sie doch von Computern, ohne die er Sozialismus nicht mehr denken mag, noch nichts wissen konnten? Hier traut Dieterich den Maschinen, die er nicht gut kennt, eine alternativlose Beweiskraft zu, die nicht in ihnen steckt – der Beweis, daß Planung besser ist als Chaos, fällt mit leistungsstarken Rechnern nur leichter, er ist indes auch ohne sie möglich. Aber der Ostblock, die Bananen, die Glühbirnen? Nur wer glaubt, es habe sich beim von Weltkrieg, Revolution und Bürgerkrieg geschwächten Rußland um ein blitzsauberes Labor gehandelt, das, von keinerlei äußeren Störungen oder schlechten Startbedingungen betroffen, in klinischer Reinheit durchzuexerzieren erlaubte, was eine Planwirtschaft ist, wird sich das Lachen über den Rechnermessianismus verbeißen können. Politisch-ökonomische Fragen sind politisch-ökonomische Fragen; die Tautologie geht offenbar nicht nur Idealisten nicht ein, sondern auch Materialisten, die in ihren Sozialismus die alte bürgerliche Erbsünde des Glaubens an einen quasi naturgesetzlichen Fortschritt mitschleppen.

Ein kleiner Exkurs in die Ideengeschichte:
Hamann hielt den »leidigen Kopier- und Rechnungsmaschinen« als gröbsten Defekt vor, sie seien nicht geeignet, Dauerhaftes zu stiften, sondern bloß »ebenso vergängliche Phänomene wie unser System von Himmel und Erde«, also die Philosophie, und das hieß damals: die aufgeklärte.
Die Flüche des deutschen Obskurantisten vertragen sich bestens mit ähnlichen, die in der Revolutionszeit als reaktionäre Flugschriften Verbreitung fanden, in denen die Revolution als Verschwörung »kalter Rechner« angeprangert wurde, die mit den abgeschlagenen Köpfen ihrer Feinde Kalkül treiben. *Le calculateur patriote* wurde zur Symbolfigur dafür, daß der Reaktion,

wie Jessica Riskin geschrieben hat, »nicht nur die Geometrie, sondern alle Mathematik suspekt war«.

»Alle leidigen Kopier- und Rechnungsmaschinen«?
Als ich zur Schule ging und meinen ersten Informatikunterricht erhielt, war es unter uns Gymnasiasten hoffnungsvollste Mode, sich auszumalen, wie die in den meisten Fächern elend willkürliche Benoterei in Zukunft durch Vollautomatisierung zu verbessern wäre; die Bevorzugung und Benachteiligung nach Lehrersympathie (»dem gefällt meine Nase nicht«) wären dann abgeschafft.
Niemand von uns hatte den blassesten Schimmer, daß wir da dachten wie die Sensualisten und Rationalisten vor zweihundertfünfzig Jahren – Condillac zum Beispiel oder der große Chemiker Lavoisier, dessen Lehrer Guillaume-François Rouelle auch Rousseau, Buffon und Diderot unterrichtet hatte. Ihnen allen war linguistische Präzision, ausgerichtet am Modell des Mathematikunterrichts, Synonym für Erziehung überhaupt.

Systematische Förderung des Wißtriebs, Verwissenschaftlichung der Pädagogik: Von dieser Denkweise aus führt ein gerader Weg über Robespierres »nationalen Erziehungsplan« und das Kinderheim-Laboratorium der Wera Schmidt in der jungen Sowjetunion bis hin zum sozialistischen Feminismus der Shulamith Firestone, der technische Mittel der Kybernetik und der Lebenswissenschaften in den Dienst der planenden Befreiung von Frauen aus sexuellen und reproduktiven Naturkategorien stellen und die Erziehung entsprechend denaturalisieren will.

Auch die Gegner dieses exakten linken Instrumentalismus sind sich treu geblieben seit der französischen Reaktion und Ha-

manns Zeiten: Befragt, ob er eine stärkere demokratische Beteiligung der Bevölkerung an Entscheidungen über Atomwaffenstationierungen in Deutschland wünsche, soll der ehemalige Bundesinnenminister Zimmermann von der CSU in den achtziger Jahren des letzten Jahrhunderts gesagt haben: »Da könnte man ja gleich per Computer abstimmen.«
Er meinte, obwohl daran damals noch nicht praktisch zu denken war, das Internetplebiszit.

Planung, Kontrolle: Sind das nicht Herrschaftsmittel? Wohin führt, was im Umkreis der Frankfurter Schule »instrumentelle Vernunft« heißt?

»Da könnte man ja gleich …« – In einer Folge der amerikanischen Krimiserie *Law & Order* reicht der Staatsanwalt einen Antrag auf Ausstellung eines Haftbefehls gegen einen mutmaßlichen Vergewaltiger auf der Grundlage einer DNA-Analyse ein. Der Richter, als Sympathieträger gekennzeichnet, lehnt ab: »Da könnte man ja in Zukunft alle möglichen Leute auf der Grundlage solcher Befunde einbuchten.«
Die Suggestion will sagen: Wer Leute aufgrund naturwissenschaftlicher Erkenntnisse verhaftet, baut auch Kerker für Leute mit falscher Haarfarbe. Der Unterschied zwischen diesen beiden in der Tat gleichermaßen instrumentellen Verfahrensweisen wird in den einschlägigen Debatten immer wieder verdächtig rasch eingeebnet. Dabei kann man ihn leicht bestimmen: Notwehr ist nicht Raubmord; Mundraub nicht Diebstahl; Nutzung nicht Mißbrauch.

Vorbehalte wie derjenige Zimmermanns gegen elektronisch vereinfachte Demokratie oder der des fiktiven Richters gegen gendiagnostischen Machbarkeitswahn sind nicht halb so plausibel, wie sie sich geben, sondern verkappte Formen der Abwehr gegen alle Versuche materieller Abhilfen wider vermeidbares Leiden überhaupt.

Sie sagen eigentlich: »Ihr wollt per Computernetz abstimmen? Fürchtet die Wahlfälschung! Ihr wollt die Wahrscheinlichkeit senken, daß einer für ein Verbrechen angeklagt wird, das er nicht begangen hat? Fürchtet die Überwachung per Genprofil!«

Das Scheußliche an instrumenteller Machtausübung, wo sie eine Tyrannis stützt, ist aber gar nicht, daß sie instrumentell vorgeht oder sich fallweise auch mal der Ergebnisse exakter Wissenschaften bedient.

Das Scheußliche ist, daß bei einer Tyrannis Menschen unterdrückt werden.

Wer nicht überwacht werden will, polemisiere nicht gegen Chromosomenuntersuchungen und digitale Minikameras, sondern sorge, daß er oder sie nicht beherrscht werde.

Das einzige, was den Umschlag von Produktivkraftfortschritten in beschleunigte Zerstörung und Entrechtung verhindern kann, ist Freiheit.

11 Maschinen Muskeln Magie

Wer heute in einem reichen Land älter als fünfzig Jahre ist und trotzdem noch das zweifelhafte Glück genießt, als Lohnabhängiger im Produktionsprozeß zu stehen, hat höchstwahrscheinlich mit Maschinen zu tun.

Wird er oder sie entlassen und hat es versäumt, sich kontinuierlich fortzubilden, braucht so ein Mensch seine Arbeitskraft auf dem Markt gar nicht mehr anzubieten. Verblüfft wird das arme

Wesen erfahren, was Ezra Pound 1930 dachte: »Die Schönheit von Maschinen ist hauptsächlich in den Maschinenteilen zu finden, wo die Energie am stärksten konzentriert ist.«

Die Maschinen, an denen für zu alt befundene Gefeuerte von heute das gelernt haben, was sie können, sind schon lange vor ihnen aus dem Verkehr gezogen worden. Sie können sie auf dem Schrottplatz besuchen, wenn ihnen die Meldepflicht beim Almosenamt Zeit dafür läßt.

Die Energie ist weg, die verbleibende Schönheit eine von Ruinen.

Kopfschüttelnd, vielleicht wehmütig, werden die Arbeitslosen lesen, wie viel herbes Pathos Brecht in den »Fragen eines lesenden Arbeiters« noch auf die Entdeckung der menschlichen Muskelleistung verwendet hat: »Wer baute das siebentorige Theben? / In den Büchern stehen die Namen von Königen. / Haben die Könige die Felsbrocken herbeigeschleppt?«

Wenn das Recht der Ausgebeuteten auf Umsturz, aufs Verjagen ihrer Herren sich nur daraus ableiten soll, daß sie für diese Schweiß vergießen, wäre der Appell zur Revolte spätestens mit der Dampfmaschine fragwürdig geworden. Dieses Gerät, das Energie und Arbeit spendet, hat, das war allen sichtbar (auch den nichtlesenden Arbeitern), Schiffe betrieben, den Verkehr auf Straßen und Schienen verwandelt, die Förderung von Steinkohle mittels Hochpumpen von Wasser aus der Erde erleichtert, die Herstellung von Eisen beschleunigt, Stahl im Schmelztiegel gekocht und später gewalzt und damit sowie mit anderen Erzeugnissen die Konstruktion von Brücken revolutioniert.

Wichtiger noch: Diese Maschine war eine der ersten, die, weil sie etwa den Zylinderbau vereinfachte, im großen Maßstab die Fertigung von Maschinen selbst voranbrachte.

In der so aufkommenden Maschinenwelt artikulierten Kulturkritiker bald die Angst, daß »nach völliger Abtötung aller schöpferischen Möglichkeit durch eine selbsttätige Technik« (Karl Kraus) die Menschen früher oder später nichts mehr zu bestellen haben würden.

Diese Angst hat aber einen Schein von Wahrheit nur da, wo man »die Menschen« mit den Lohnabhängigen verwechselt und diese mit den Pferden, die der Autobesitzer entbehren kann, weil er sie nur noch als Metaphernspender für die Kraft seiner Verkehrsmaschinen braucht.

Wo es Autos gibt, fällt das Pferd, wenn man es gnädigerweise freiläßt, vom Bestandteil eines durch Menschen organisierten Arbeitsprozesses auf den Selbstversorgerstatus zurück. Es zeugt dann vielleicht in den letzten freien Wäldern Nordamerikas mit anderen Pferden neue Pferde, sofern man es in Ruhe läßt und seine Lebensgrundlagen nicht antastet.

Maschinen dagegen reproduzieren sich nur, wo Menschen das wollen.

Dafür müssen sie einen Grund haben. Das kann der Profit sein – dann wehe den Lohnabhängigen, ob älter als fünfzig Jahre oder nicht, sie werden sich, als Anhängsel der stärkeren Apparate, nach der Decke strecken müssen. Es kann aber, ich wiederhole mich gern, auch die allgemeine Arbeitsersparnis sein – dann wird »alle schöpferische Möglichkeit« gerade nicht abgetötet, sondern für interessantere Aufgaben befreit.

Ob die Arbeit durch Maschinen befreit oder nur noch weiter erniedrigt wird, darüber entscheiden rechtzeitige Nutzung oder Vergeudung der Chance, die sich bietet, wenn die Technik zumindest tendenziell tatsächlich »selbsttätig« wird: Sobald Maschinen ihrerseits Maschinen fabrizieren können, verändert sich das zum allgemeinen Güterwachstum relative Wachstum der Anzahl der Werkzeuge und Gerätschaften mit einer Geschwindigkeit, die nach bewußter Lenkung verlangt.

Wenn die Gesellschaft, die sich maschinisiert, ihre soziale Fortbildung zur maschinenbeherrschenden Hochzivilisation versäumt, wird sie vom Geschichtsverlauf unter ein Gesetz gestellt, das ebenso blind ist wie das Naturgesetz, aber weniger leicht auszutricksen als dieses. Denn es prägt (und deformiert) über kurz oder lang die Beschaffenheit der Subjekte selbst, die sich dem Naturgesetz immerhin noch als es ausnutzende Erfinder entgegenstemmen könnten. Ich kann mir zwar mein Leben auf der einsamen Insel erleichtern, indem ich Maschinen baue, die meine Wasserversorgung oder das Bananeschälen übernehmen. Als Arbeitsloser ohne Startkapital aber hilft mir die schönste Idee für einen nützlichen Apparat nichts, wenn ich keinen finde, der sich davon einen Profit verspricht.

Die zweite Natur, mit Hilfe von Maschinen errichtet, ist unbarmherziger als die erste. Und sie wandelt sich schneller als ihre historische und logische Vorgängerin: Wer immer das siebentorige Theben nun im einzelnen gebaut haben mag, in einem Spinnmaschinensaal von 1900 wird er sich so wenig zurechtfinden wie einer der dort tätigen Arbeiter im *Second Life*.

»Jede hinreichend fortgeschrittene Technologie«, hat der Erfinder des Systems der geostationären Satelliten, Sir Arthur C. Clarke, geschrieben, »ist von Magie nicht zu unterscheiden.«

Was er meint, ist, daß man, um die Funktionsweise der fortgeschrittensten Maschinen zu begreifen, mehr wissen muß, als die meisten wissen, die sie bedienen.

Theben? Wieviel Anteil hatten die privaten Energienutzer an der Errichtung der ersten kommerziellen Atomreaktoren; wie viele

Benutzer von Digitalkameras könnten eine Leica konstruieren; was bedeutet es für unseren Tiefenbegriff von Geschichte, daß, wie der Londoner Technikhistoriker David Edgerton bemerkt hat, heute viele große Firmen, die ihren Erfolg auf Technik und Wissenschaft gründen, älter sind als die meisten gegenwärtig existierenden Nationalstaaten?

Daß wir die Maschinen nicht verstehen, die wir bauen und die wir einsetzen, um die Macht von Menschen über Menschen zu vergrößern, ist keine bloß intellektuelle oder gar ideengenealogische Wahrheit, sondern eine sozialgeschichtliche. Es ist, als stünden wir unter einem bösen Zauber. Wir leben, wie wir leben, nur, weil es Maschinen gibt, aber wir leben gleichzeitig so, als könnten wir dem, was sie tun, keine Richtung geben.

Die beliebtesten Sorten aktueller Zivilisationskritik wollen immer noch die »selbsttätige Technik« zur Verantwortung ziehen – vielleicht begrenzen, eventuell irgendwie humanisieren, etwa entlang ökologischen Maßstäben. Wer aber hat uns so erfolgreich eingeredet, daß diese Technik überhaupt selbsttätig sei?
Wer hat die Steuerung gestohlen, wer hat den Fortschritt gefressen, warum hat das entlassene Menschenwesen über Fünfzig solche Angst vor den Apparaten, die ihm dienen sollen, wieso darf es nicht davon ausgehen, daß seine Stimme gehört wird?
Wer verwehrt ihm den Zugang zur demokratischen Planung, und mit welchen Gründen?

12 Demokratenjagd

Zwei Gegner der demokratischen Planung der Produktion verdienen Beachtung. Der eine erklärt jede makroökonomische Planung für unmöglich; der andere fürchtet die Demokratie, weil sie zuviel Macht in die Hände von Menschen legt, die damit nicht umgehen können.

Der Gedankengang des zweiten wird, da wir das System des bürgerlichen Parlamentarismus, in dem wir leben, *demokratisch* nennen sollen, in unserm reichen Norden und Westen kaum je offen geäußert. Der des ersten füllt dafür Lehrbücher der Wirtschaftswissenschaften, Leitartikel, Fernsehsendungen und Parlamentsdebatten, seit es diese Gefäße für dergleichen Gedanken gibt.

Wider Planung: Man sei, wird gesagt, auf die unsichtbare Hand des Marktes schon deshalb angewiesen, weil es schnell sehr gefährlich werden könne, die Gewalt über die Produktion und Reproduktion des Gemeinwesens an einem einzigen, störanfälligen Ort zu konzentrieren. Man packt nicht alle Eier in einen einzigen Korb. Keine Position in der entwickelten arbeitsteiligen Gesellschaft, das stimmt, kann für sich in Anspruch nehmen, so weit außerhalb von (und schwer bestimmbar »über«) dem Gesamtablauf zu stehen, daß sie das Wissen an sich reißen könnte, das erforderlich wäre, diesen Gesamtablauf gerecht zu regeln. Daher, heißt es bei den Feinden des Plans, sei Planwirtschaft schon aus logischen Gründen nicht in der Lage, zu leisten, was sie leisten soll. Angesichts dieser Impotenz kommt dieser Kritik der vermutete hohe Preis für ihren Betrieb zu hoch vor, nämlich die Entmachtung der Individuen, die nicht mehr als unabhängige ökonomische Subjekte handeln könnten, wo der Plan waltet.

Wenn die Bereitschaft, am Chaos festzuhalten, so vernünftig auftritt wie in dieser klassisch liberalen Argumentation, müssen vernünftige Illiberale sie ernst nehmen.

Und zurückweisen: Das Individuum, das die Liberalen vor der Unterdrückung durch den Verwaltungskollektivismus schützen wollen, ist nicht halb so abstrakt, wie sie vorgeben; und die unsichtbare Hand ist nicht halb so unsichtbar. Die Prämissen sind falsch; die Liberalen schummeln.

Ich zum Beispiel lebe in einem Land, in dem sehr wohl geplant wird, was ich mir kaufen kann und was nicht – bloß nie von mir und meinesgleichen. Nicht irgendeinem freien Individuum ohne Name und Anschrift, sondern den Herren Karl und Theo Albrecht vom Aldi-Konzern fällt die Aufgabe zu, meine Lebensmittelgrundversorgung sicherzustellen. (Bei der ersten Fassung dieses Textes wurde von gegenlesenden Menschen an dieser Stelle moniert, ich müsse doch nicht bei Aldi kaufen, wenn mein Einkommen überm Minimum liegt, was es tut. Das war vor den deutschlandweiten empfindlichen Preiserhöhungen bei Grundnahrungsmitteln im Herbst 2007, die damit begannen, daß Aldi seine Preise erhöhte. Alle anderen zogen nach, so wie die teils erheblichen Preisminderungen bei Aldi ursprünglich Schrittmacher absichtsvoller Marktbereinigung gewesen waren. Q. e. d. – Monopol heißt: Jemand diktiert die Preise. Freunde, die ihr euch was drauf einbildet, noch im ansehnlicheren Sortiment einzukaufen: Wacht auf, Dünkel schützt nicht.)

Eine Frau Quandt verhilft mittels Automobilherstellermacht im Verein mit ihren Klassenbrüdern und -schwestern meiner Regierung zu ihrer Verkehrspolitik. Straßen, die diese Leute nicht wollen, werden nicht gebaut. Ausweichmöglichkeiten? Ein Herr

Mehdorn von der Bahn läßt seine individuelle Freiheit als Gestalter am Markt von Pendlern mit Preiserhöhungen bezahlen, die in ihrer schwankenden Plötzlichkeit an mittelalterliche Besteuerungspraktiken zu Hagelzeiten erinnern. Aber die Gedanken? Familie Mohn von Bertelsmann oder sonst ein Haus des Zufalls ordnet meine Meinungen an und sucht die Literatur aus, die mir in den großen Buchhandelsketten angeboten wird. Ein anderer Trottel reguliert meinen Stromhaushalt. Ein weiterer meine Urlaubsaussichten. Und so fortan.

Die feierlich beschworene Freiheit des Individuums ist die Freiheit einer besitzenden Klasse, die den Teufel tun wird, ihre Verfügungsgewalt über die Produktionsmittel nicht planend zu nutzen und, wo möglich, zu vergrößern. Eine Welt ohne Plan oder Kommando ist auf dem einmal erreichten Produktionsmittelniveau schlicht nicht zu haben; sie ist ein Märchen.

Also lieber anders. Und wie?
Demokratische Planung anstelle der oligarchischen wäre schon aufgrund der Steuerungsbesonderheiten von Demokratie modularer, arbeitsteiliger, flexibler, intelligenter, als wenn ein paar Damen und Herren die Fahrpläne machen, die selber nicht auf die Züge angewiesen sind.
Betrachtet man die Realität der vorgeblich völlig ungeplanten Gesellschaften, in denen die nicht besonders unsichtbare Hand herumfuhrwerkt, entpuppt sich jeder maximalistische Einwand gegen »Planung überhaupt« folglich als kaschierter Vorbehalt dagegen, ohnehin unvermeidliche Planung auf die breitestmögliche demographische Basis zu stellen.
Das Argument Nummer eins: »Planung geht nicht«, fällt in Wahrheit mit dem Argument Nummer zwei: »Man soll diese

unzuverlässigen Plebejer nicht zur Planung zulassen«, unmittelbar zusammen.

Wider Demokratie also: Eliten, so hört man abseits der großen Foren sogar von Meinungsmachern und -multiplikatoren, sollten am Ruder bleiben, weil sie vom Fach sind.

Die Furcht, im Fall der offenen Abstimmung bekämen wir es mit idiotischen Ergebnissen zu tun, ist die Furcht, die Menschen seien Idioten.

Man soll auch das nicht abtun: Historisch-empirisch spricht viel dafür. Warum sonst lassen sie sich gefallen, was unsereins Sozialisten (die Biologin und mich) ärgert?

Andererseits kommen die Menschen mit den Zumutungen, die sie bei der Geburt fertig vorfinden, auch wieder erstaunlich gut zurecht. Und wenn es schon nicht besonders gescheit ist, das vorhandene System in seinem blinden Rattern gewähren zu lassen, so ist es doch auch wieder nicht dumm, sich ihm zum Trotz listenreich zu behaupten, solange nichts Besseres nachkommt. Wer in der Lage ist, durch den gegenwärtigen Arbeitsmarkt, Straßenverkehr oder das ausgeweidete Sozialstaatsskelett zu navigieren und sich da, wo etwas zu kriegen ist, immerhin abholt, was die Albrechts, Henkels, Beisheims und Mohns vom Tisch fallen lassen, wäre wohl auch gewitzt genug, die eigene Freiheit auf Kosten der ihrigen zu vergrößern. Wer nicht untergeht, obwohl andere für ihn planen, könnte die Zügel ebensogut gleich selbst in die Hand nehmen.

Viel Komplizierteres steht im ganzen Brecht nicht.

Wer sich davor fürchtet, die Zivilisation könne kollabieren, sobald Streit und Abstimmung an die Stelle von Gewinnerwartungen und Werbekampagnen treten, erinnert gern an die Tatsache, daß niemand dafür stimmen wird, persönlich mehr Anstrengung ins Allgemeine zu investieren, als für das unmittelbar eigene Wohl einsichtig scheint.

Gretchenfrage: Wird nicht die Drückebergerei Gesetz, wo alle gemeinsam übers Gesetz des Wirtschaftens entscheiden? Wer das glaubt, müßte konsequenterweise eigentlich auch vor der allgemeinen Wehrpflicht Angst haben.

Gretchenfrage II: Was, wenn die auf einmal alle anfangen, bewaffnete Banden zu bilden und den Rest zu überfallen? Wäre diese Sorte Furcht berechtigt, müßte man auch »in München wohnen« verbieten, weil das zwar schön ist, die Stadt aber zusammenbräche, wenn alle hinzögen.

In Wirklichkeit vertraut selbst der elitärste Managementprofessor und Freund flexibler Ausbeutung der Fähigkeit beliebiger Lohnabhängiger zur rationalen Kooperation; sogar in Deutschland: Mit nichts als faulen, blutrünstigen Wilden an den Apparaten in den Fabriken wird man nicht Exportweltmeister.

Der Kapitalismus verläßt sich stillschweigend ständig auf genau die menschlichen Eigenschaften, die seine Weißwäscher der Mehrheit absprechen.

Liebe Liberale: Wenn Ihr zulaßt, daß die Menschen sich eine repräsentative Regierung wählen dürfen, die das Gewaltmonopol besitzt (und damit zum Beispiel einen Krieg vom Zaun brechen kann), dann ist wirklich nicht einzusehen, warum sie nicht auch über ihre Fabrikordnung, Nahverkehrsinfrastruktur, Sozialversorgung et cetera direkt abstimmen sollten.

Man mag ja finden: Sie sind zu blöd. Aber dann gewähre man bitte von vornherein gar kein Wahlrecht; sonst frißt das Affentheater parlamentarische Demokratie samt Verwaltung bloß

Ressourcen, die in königlichen Prachtbauten und Parks allemal gefälliger und dauerhafter angelegt wären.

13 Unsere Klassiker

Wissenschaftlicher Sozialismus?

In den inzwischen hundertfach kaputtverleumdeten untergegangenen sogenannten autoritären Wohlfahrtsstaaten des zwanzigsten Jahrhunderts war dieser Name fürs dort Erreichte gebräuchlich. Damals bezeichnete er außerdem die völlige Übereinstimmung einer Aussage mit jeweils passend ausgesuchten Stellen in den Schriften von Marx, Engels, Lenin, zeitweise auch Stalin und anderen.

(Einige Kommunisten des Westens ließen Stalin weg und ersetzten ihn durch Trotzki, andere ergänzten Mao; das sind Sonderfälle, die außerhalb Chinas selten auch nur ein Messerspitzchen politischer Macht gewinnen konnten.)

Das Verfahren, die Wissenschaftlichkeit einer Aussage an ihrer Vereinbarkeit mit Kirchenvätertexten zu eichen, ist von beweglicheren Geistern als »dogmatisch« gegeißelt worden. Es hatte aber, wie andere Spielarten linker Wagenburgmentalität, eine gewisse Berechtigung aufgrund der Tatsache, daß ein gut auswendig gelernter Marx im Zweifelsfall immer noch besser funktioniert und weiter führt als ein schlecht selbst ausgedachter »dritter Weg«. Jugoslawische, westliche und südamerikanische Mischkonstruktionen aus Marx und Keynes, Marx und Pfadfinderei, Marx und Befreiungstheologie führten meist nur schneller in die Abhängigkeit von der Weltbank und anderen unfreundlichen Verhandlungspartnern als die Sorte sturer, aber aufrichtiger Strenge, die am Dogma klebt. Das meiste, was seit 1917 in Abgrenzung vom

Marxismus als funkelnagelneue linke Kombi-Idee vorgeschlagen wurde, krankt fortdauernd daran, daß es in Wahrheit substantiell älter und konzeptionell schwächer ist als die Tricks, die man Marx und den klügeren unter seinen Schülern verdankt – aufgewärmter utopischer Sozialismus, ein bißchen Owen, ein bißchen Bacon, ein bißchen Morus, ein bißchen Rousseau ...

Die szientistisch verkleidete Orthodoxie vieler Altmarxisten aber ist tatsächlich oft ein Schiefbau. Das kommt nicht nur daher, daß sie sich unter allen Lehrgebäuden, die der Gesellschaftswissenschaft ein Vorbild sein könnten, ausgerechnet die Philologie erwählt hat. Der Ärger, den sie stiftet, rührt – für angebliche Marxgläubige überaus beschämend – vielmehr von einem schweren Verstoß gegen das schon vom Junghegelianer Marx bei seinem Lehrer aufgeschnappte Prinzip der Historizität von Gedanken.
Dieses gilt nämlich auch für Gedanken, die wahr sind.

Mit den Naturwissenschaften zum Beispiel verhält es sich so, daß diejenigen Laien sie niemals begreifen werden, die an ihr das Resultative für wichtiger als das Prozessuale halten; wissenschaftliche Ergebnisse also für bedeutsamer als wissenschaftliches Vorgehen. Wenn sie unter »Ergebnissen« überdies Sätze von der steinernen Unveränderlichkeit biblischer Gebote verstehen, kann die Forschung sie nur enttäuschen.
Die Wahrheit ist, daß Überwindung und Aufhebung einmal erreichten Wissens zum Wesen der Wissenschaftlichkeit gehören; aber auch wieder nicht so, daß man nun komplett los würde, was da überwunden und aufgehoben wird (eben das heißt ja bei Hegel »Aufhebung«). Die Überwindung der Lehrsätze Isaac Newtons etwa, von der in Geschichten über die Ablösung der

klassisch neuzeitlichen Physik durch die im engeren Sinn moderne soviel geredet wird, sah einfach so aus, daß man Newtons überaus zutreffende und sorgsam geprüfte Ergebnisse, zum Beispiel die Bewegungsgesetze, seit der Quantenmechanik und der Relativitätstheorie auf einen besonderen Anwendungsbereich als Grenz- und Sonderfälle festlegen kann. Dort gelten sie – das heißt, für benennbare Größenordnungen sind sie hinreichend präzise Näherungen. Nur diesseits der Grenzscheide zur Moderne, in der Quantenwelt oder der Relativistik, müssen wir andere Regeln kennen, um das Verhalten der beobachtbaren Gegenstände unserer Untersuchung beschreiben und vorhersagen zu können.

Und damit zum Gleichnis, auf das ich hinauswill: Ein wirklich wissenschaftlicher Sozialismus für die Gegenwart hätte mit Marx soviel und sowenig zu tun wie die gegenwärtige Physik mit den Funden Maxwells und die gegenwärtige Biologie mit denen Darwins.

Eine ganze Menge also, aber eben jeweils im überprüften (und immer neu zu prüfenden) Anwendungsbereich.

Dasselbe gilt für Lenin, Luxemburg und alle anderen aus dem kleinen Kreis, den man im Osten »unsere Klassiker« nannte. Übers Verhältnis von Staat und Revolution etwa oder über die Frage des Parteiaufbaus wird man nicht leichtfertig etwas erfinden wollen, was Lenin widerspricht. Das heißt nicht, daß es verboten wäre, über ihn hinauszugehen – nicht nur immanent, auf dem Feld dieser Themen, sondern auch etwa in der Frage, ob Staat, Revolution und Parteiaufbau heute überhaupt noch die alternativlos wichtigsten praktischen Kardinalthemen sozialistischer Politik sind (oder man sie gegebenenfalls um Themen ergänzen müßte, die den veränderten sozialen, technischen, demographischen Gegebenheiten anzupassen wären).

Über das Problem, eine Streikstrategie für Lohnabhängige zu erfinden, die den aktuellen Verkehrsverhältnissen, Ausweichmöglichkeiten des Kapitals in ärmere Gegenden et cetera gerecht wird, oder über ein Absprache- und Interventionsinstrument, das den alten demokratischen Zentralismus einer schlagkräftigen Partei mit Hilfe der verbesserten Kommunikationsmittel optimiert, steht bei Lenin nichts. Aber es läßt sich bei der Lektüre seiner Texte doch auch heute noch etwas von dem Geist, der intellektuellen Geschmeidigkeit und der Haltung aufschnappen, die nötig sind, solchen vergleichsweise jungen Anforderungen an sozialistische Politik gerecht zu werden.

Lernen von den Klassikern heißt auch lernen von den Fehlschlägen derer, die sie anwenden wollten.

Beim nächsten Versuch sollte man sich darauf verstehen, die Sogwirkung des Weltmarkts, die Unmöglichkeit der Autarkie und andere rein ökonomische Faktoren ebensowenig zu mißachten wie die Notwendigkeit, alles, was man unternimmt, schon in der Phase des Kampfes um demokratische Planung so demokratisch (und so geplant!) wie möglich anzugehen.

14 Unmenschelei

Ein Vorwurf: Mogelt er sich mit seiner höflichen Kritik an den Fehlern der Altvorderen nicht um das Problem herum, daß »wissenschaftlicher Sozialismus« sowieso nicht und nie zu haben ist, weil Wissenschaft nun mal nichts Normatives ist, Sozialismus aber, wenn überhaupt irgend etwas, stets normativ sein muß?

Und wo wir schon dabei sind, was ist das überhaupt für eine Norm, die er voraussetzt: der Mensch, seine fixen Bedürfnisse, seine Rechte, seine Würde?

Fließen da nicht jede Menge wissenschaftlich hart zu kritisierende philosophische Vorannahmen ein, ein verblüffend betulicher Humanismus, grundbiederes Zeug, das die Gescheitesten seit spätestens Nietzsche und seiner komplementären Konkurrenz, den Positivisten, »metaphysisch« nennen und für erledigt halten dürfen?

Die intelligenteste Kritik an ihren Bestrebungen hat den Sozialisten längst nachweisen wollen, daß sie, trotz Berufung auf Hegel und Marx, im Grunde keine echten Historisten seien.

Hängen sie nicht allzu treuherzig einem überzeitlichen, essentialistischen Menschenbild an? Übersehen sie nicht die Historizität aller Bestimmungen des angeblich schlechthin Menschlichen?

Am schärfsten und vollständigsten ins schöne Bild gesetzt findet sich der Gedanke in der berühmten Schlußpassage von Michel Foucaults Abhandlung *Die Ordnung der Dinge*:

»Der Mensch ist eine Erfindung, deren junges Datum die Archäologie unseres Denkens ganz offen zeigt. Vielleicht auch das baldige Ende. Wenn diese Dispositionen verschwänden, so wie sie erschienen sind, wenn durch irgendein Ereignis, dessen Möglichkeit wir höchstens vorausahnen können, aber dessen Form oder Verheißung wir im Augenblick noch nicht kennen, diese Dispositionen ins Wanken gerieten, wie an der Grenze des achtzehnten Jahrhunderts die Grundlage des klassischen Denkens es tat, dann kann man sehr wohl wetten, daß der Mensch verschwindet wie am Meeresufer ein Gesicht im Sand.«

In den vier Jahrzehnten, die vergangen sind, seit diese Sätze veröffentlicht wurden, hat man allerlei Denk- und Lebensstile entwickelt, um Foucaults Weissagung mit lebendiger Bedeutung aufzuladen.

Nicht alle hatten explizit politischen Charakter. Gemeinsam ist ihnen aber, daß die post-, trans- und antihumanistische Aufmerksamkeit ihrer Protagonisten der Suche nach dem galt, was bei Foucault »irgendein Ereignis« heißt, »dessen Möglichkeit wir höchstens vorausahnen können«.

Was kommt nach dem Menschen? Eine nichtmenschliche Intelligenz vielleicht, die uns Kybernetik und KI-Forschung bescheren? Der heute unter Cyber-, Extropier- und IT-Adepten, die das glauben, gebräuchlichste Ausdruck für Foucaults *Ereignis* stammt vom Science-fiction-Autor Vernor Vinge und lautet »Singularität«.

Er soll besagen, daß niemand vorhersagen könne, welche Absichten, Einsichten und Aussichten einer die humane transzendierenden maschinellen Intelligenz eigen wären.

Nicht nur die Computer-Eschatologen nehmen an, das *Ereignis* müsse etwas Technisches sein – vielleicht ja etwas Bionisches oder Pharmakologisches. Alle drei Ansätze (Rechner, Biotechnik, Medizin) haben Erfahrungsgründe für sich.

Daß selbst Personen ohne jeden Grund-, Aktien- oder sonstigen Reichtum stiftenden Besitz heute im Durchschnitt schneller von A nach B gelangen, länger leben und mehr von der Welt erfahren (können) als ein Adliger vor fünfhundert Jahren, ist ja auch etwas Technisches und macht, wenn man weiß, wie Extrapolation geht, eine Zeit vorstellbar, in der heutige Menschen ihre Nachfahren gar nicht mehr als Angehörige derselben Gattung erkennen würden.

Soweit dergleichen Fortschritt über den Menschen hinaus von Individuen propagiert wird, die damit irgend etwas verbinden, was man Emanzipation nennen könnte, steckt darin schlicht dasselbe antinaturalistische Programm, das ich »wissenschaftlichen Sozialismus« genannt habe. Allerdings unter folgenreicher Absehung von dessen sozialrevolutionärem Stachel: Cyberfeministen, kalifornische Langlebigkeitspropheten oder elektronikorientierte Netzdenker wollen ganz ohne Eingriff in Besitz- und sonstige Verkehrsverhältnisse alles abstreifen oder wenigstens fungibel machen, womit Menschen auf die Welt kommen und was, einmal zum Evidenzspender sozialer Kategorien erklärt, in der Geschichte stets Unfreiheit, Ausbeutung und Ausgrenzung stabilisiert hat: das genetische Geschlecht, die individuelle Intelligenz, die Sterblichkeit, die physischen Charakteristika des menschlichen Phänotyps von der Muskelkraft bis zur Hautfarbe.

Daß ihnen der Sozialismus von Marx, Engels, Lenin nichts sagt und sie an seinem Erbe nicht teilhaben wollen, begründen sie, wenn sie es begründen, damit, daß in seinem Programm ein unannehmbares Moment der Naturalisierung von Kategorien wie »lebendige Arbeit« stecke.

Den »marxistischen Humanismus« und seine das Heteronome »aneignenden, vereinnahmenden, totalisierenden Tendenzen« greift in diesem Sinne etwa die Cyberfemnistin Donna Haraway an. Aber was sie fordert, ist in Wahrheit gar kein Bruch mit dem sozialistischen Impetus, sondern ein Beitrag zur Reinigung der sozialistischen Praxis von Überwucherungen wie der Verklärung des »Helden der Arbeit«. Daß man den zum Heiligenbildchen verkitscht hat, ist den bitteren Imperativen nachholender Modernisierung im armen Rußland weit mehr geschuldet als den Schriften von Marx, Engels und Lenin.

Der kybernetische Organismus oder Cyborg, den Haraway, Sadie Plant und andere dem Helden der Arbeit entgegensetzen, ist eine Imago, der man als aufrichtiger Antinaturalist die Achtung nicht versagen kann. Niemand aber zwingt Sozialisten mit so etwas dazu, die notwendige Totalität gesamtgesellschaftlicher Maßnahmen gegen gesamtgesellschaftliche Übel herunterzuspielen, auch dann nicht, wenn sie den Cyborg selbst lieber mögen als den hammerschwingenden Übermenschen. Ganz im Gegenteil wird die Harawaysche Transhumanismusidee genau da zur Falle, wo sie auf der Flucht vor jeder Totalisierung ihren Gläubigen eine individuelle Transzendenz verspricht, die verdächtig religiös anmutet. In Wirklichkeit ist der Cyborg dem Hammerwerfer gerade deshalb vorzuziehen, weil er *sozialistischer* ist als jener und nicht, weil er das Sozialismusproblem hinter sich ließe. Denn eine Gesellschaft muß schon reichlich technisiert, arbeitsteilig und hochproduktiv sein, kurz: alle Möglichkeitsbedingungen für den Sozialismus auf sich vereinigen, damit die fabelhafte Menschmaschine aus ihr überhaupt hervorgehen kann. Dezentrale Anarcho-Landkommunen werden sie jedenfalls nicht zusammenbauen. Die futuristische Gynoidin ist ein Sowjetgolem, keine Stirnersche Einzige im individuellen Körperpanzer.

Dasselbe gilt *mutatis mutandis* für alle wissenschaftlich-technischen Pforten zur Transhumanität: Die Schlacken und Reste des rousseauianischen Naturalismus, den die europäische Aufklärung vor allem zum Flankenschutz gegen die Religion eingesetzt hat, werden Sozialisten immer nur mittels Aufnahme der Resultate von Produktivkraftfortschritten in ihr Waffenarsenal wegsprengen können.

Ein paar Beispiele:

Sexualität: Die Entkopplung des Lustgewinns von der Fort-pflanzung ist eine der wichtigsten Früchte der Lebenswissen-schaften. Das alte Argument mancher Aufklärer, christliche Sexualtabus seien abzulehnen, weil es sich bei der Sexualität um etwas »Natürliches« handle, das man nicht regulieren müsse, ja dürfe, sieht im Zeitalter der effektiven Kontrazeptiva und der künstlich regulierten Schwangerschaften zumindest altbacken aus. Während dies geschrieben wird, ist bereits eines von fünf-undzwanzig Babys in den Niederlanden und Dänemark in einer Petrischale empfangen worden. Seit 1978 sind über drei Millio-nen Menschen weltweit Kinder der In-vitro-Befruchtung, 1989 waren es 30 000, 2002 schon 200 000.
Ist das ein Fortschritt?
Soweit es die Kontrolle von Menschen – Frauen wie Män-nern – über ihre eigene Reproduktion erleichtert hat: ja. Soweit es die Kontrolle von Menschen über die Reproduktion anderer Menschen zur Profit- und Herrschaftszwecken erleichtert hat: nein. Die Lösung der technischen Frage erübrigt nicht die der sozialen.

Willensfreiheit: Eingeschüchtert durch die neue Popularität der Erklärungen der Hirnforscher, die innere Ablauflogik elektro-chemischer Prozesse im Nervensystem sei unentrinnbar und das Denken und Empfinden erhalte von ihnen eine definitive Rich-tung, die kein freier Wille wieder aus der Welt schaffen könne, fürchten Humanisten (und christliche Apologeten) heute, ein derartiges monistisches Menschenbild laufe auf den berechenba-ren Menschen hinaus. Aber die Kategorie der Willensfreiheit ist überhaupt keine naturale, sondern eine normative: Ich darf dich nicht deshalb nicht unterdrücken, weil deine Seele ein kostbarer Springquell des mystischen Indeterminismus ist, sondern weil ich selbst nicht von dir unterdrückt werden will.

Wenn unser beider Rechte gewahrt bleiben sollen, kannst du, was ich von dir will, nur freiwillig tun, im Tausch etwa, oder als Akt der Kooperation.

Willensfreiheit muß ich dir dabei nicht deswegen zuschreiben, weil die Hirnforschung mir das bestätigt – sie liefert derzeit nichts dergleichen und wird vielleicht sogar einmal das unabweisbare Gegenteil liefern –, sondern weil deine Rechte die Grenze der meinigen bilden wie umgekehrt. Der Wille ist frei, wenn Leute frei sind, dem zu folgen, was sie als ihren Willen erleben, soweit niemand dabei Rechte einbüßt. Der kategorische Imperativ: noch so eine unnatürliche Idee, die eine Zukunft haben muß, wenn wir eine haben wollen.

Sterblichkeit: Auch der Tod mag Gegenstand einer ökonomischen, sozialen und politischen Emanzipationsbemühung werden, wenn in dieser Angelegenheit die Gesellschaft eines Tages mit ihren wissenschaftlich-technischen Werkzeugen planend umzugehen lernt.

Ob sympathische Verrückte wie die Kryo-Freaks in den USA, die sich in der Hoffnung gekühlt lagern lassen, spätere medizinische Fortschritte könnten ihre Krankheiten besiegen und winzige Nanomaschinen stünden dann parat, das Zerreißen von Zellgewebe und andere beim Einfrieren und Auftauen mögliche Läsionen zu reparieren; ob Leute, die sich von derselben Nanotechnik gleich die prinzipiell unendlich häufige Reparatur ausfallgefährdeter Organe erwarten; ob Telomerforscher, die sich jenen kleinen Ketten von Nukleotidbasen an den Enden unserer Chromosomenstränge zuwenden, um den Grund für die Rate der Zellvermehrung, die Alterung und die Besonderheiten von Krebszellen zu untersuchen: Sie alle werden sich mit der Tatsache auseinandersetzen müssen, daß Veränderungen wie extreme Langlebigkeit oder planmäßig eingerichtetes Reproduktionsverhalten nur entweder demokratisch zur gerechten Verteilung neuer Annehmlichkeiten und Lasten oder oligarchisch zur Einrichtung diesmal technologisch geschaffener Kasten (»Langlebige« versus »Kinderreiche« etwa) führen können.

15 Homo sapiens sapiens

Condition humaine?
Nennt euch Mutanten, Cylonen oder Schlümpfe, wenn euch der Menschenname zu totalisierend, identitär oder repressiv ist. Darauf kommt nicht viel an.
Lieber wäre mir, es fänden sich genügend geschickte und ausdauernde Personen, Verhältnisse zu beseitigen, in denen die ökonomisch-politische Besonderheit der Gattung von der Mehrheit der Zweibeiner noch gar nicht erreicht wird.
Der Schöpfer des soziologischen Positivismus, Auguste Comte, leistete sich die kühne Annahme, die Verehrung von Göttern werde in der lichten Zukunft der Verehrung des Menschengeschlechts weichen. Das muß nicht sein. Wie es aber aussehen könnte, wenn das Gattungswesen Mensch zumindest zu sich selbst käme, das läßt sich sagen.

Zwei Bestimmungen der Gattung biete ich an, eine enge, die ist politisch, ökonomisch und historisch, und eine erweiterte, die ist ungescheut metaphysisch und transzendental.

Die enge: Das Tier, das ich meine, kann 1.) mehr stofflichen Reichtum erzeugen, als es selbst verbraucht, ja 2.) mehr, als seine Nachkommen, überhaupt sein unmittelbarer biologischer Reproduktionszusammenhang – Sippe, Stamm – je verbrauchen können. Das gelingt ihm, weil es 3.) kooperiert, und zwar arbeitsteilig. Seine Individualität ist selbst ein Ergebnis seiner gesellschaftlichen, nicht nur natürlichen, etwa biologischen Verhältnisse. Sie steht also nicht in einem bloß gegensätzlichen, etwa auf das Paar »Genotyp – Phänotyp« reduzierbaren, sondern in einem durch diese Gattungseigenschaft vermittelten Verhältnis zum Genpool.

Als Kurzformel: Menschen sind aus anderen Menschen zusammengesetzt, das heißt Produkte fremder Beiträge zu ihrer sozialen Geschichte. Man kann sie gar nicht alleine denken. Daß dieses Tier 4.) mit der Erzeugung und steten Wiederherstellung seiner Lebensvoraussetzungen Geschichte macht, liegt daran, daß die Ergebnisse seiner Arbeit wiederum Arbeitsvoraussetzungen der nachfolgenden Generationen werden können, also ihrerseits Gegenstand optimierender Bearbeitung. Damit wird ein Prozeß unterhalten, der das Gattungswesen schließlich dahin führt, 5.) tendenziell für alle tendenziell alles erzeugen zu können, was sich überhaupt erzeugen läßt.

An diesen fünften und letzten Punkt der engeren Definition schließt die erweiterte direkt an: Das Menschenwesen ist aufgrund seiner informationsverarbeitenden Potenzen in seinem Energie- und Informationsaustausch mit der Natur nur durch die Naturgesetze insgesamt begrenzt.

Im Moment scheinen das elektromagnetische, quantenmechanische und relativistische zu sein. Wir mögen noch nicht alle kennen, sie mögen sogar veränderlich sein. Aber es gibt jedenfalls welche (eine nicht gesetzesförmig regulierte Natur wäre nämlich keine, über die man reden und in die man eingreifen könnte). Der Mensch ist das Tier, das aus kosmischen Nebelwolken Sterne machen kann.

Mir ist jede zu weit gefaßte Definition des Gattungswesens Mensch lieber als eine zu eng gefaßte.
»Irgendwas kann jeder« (Hacks).
Wenn die Gattung so ist, wie ich sie beschreibe, hat jedes einzelne Exemplar derselben das unbedingte Recht, sein gattungserschaffendes und -überschreitendes Potential zu entfalten, soweit es eben kann. Das Interessanteste, was Menschen herstellen könnten, ist die Menschheit.

16 Irreduzibel

»Das wäre mein einziger ernster Vorbehalt gegen Marx«, sagt die Biologin, »daß er manchmal vergißt, wie so ein evolutionäres Geschehen abläuft – daß er nicht darwinistisch genug denkt. Zu teleologisch, zu orthogenetisch. Als ob die Kapitalisten schon die Planer wären, die er aus den freien Produzenten im Kommunismus erst machen will.«
Ich verstehe nicht, was sie meint, und bitte um Erläuterung.
»Naja, zum Beispiel die Frage der Nachkommen. Da gibt es im *Kapital* die Überlegung, es sei auf den ersten Blick unzweckmäßig, daß die Arbeiter nicht nur sich selbst, sondern auch ihre Nachkommen vom Lohn am Leben halten können. Man sollte doch eigentlich erwarten, daß der Kapitalist den Lohn immer in Richtung der absoluten Grenze der Selbstreproduktion des Arbeiters drückt. Und die Antwort, die Marx da gibt, lautet:

Das Kapital plant die Nachkommen ein, weil es ja später neue Arbeitskräfte braucht. Das ist aber Quatsch, das unterstellt denen viel zu große Weitsicht. In Wirklichkeit ist es einfach so, daß der Druck, den die Arbeiter ausüben, Streiks, Scherereien ... daß das alles dem Kapital gewisse Zugeständnisse abringt. Nicht nur Lohnnebenkosten also, Sozialzeugs, sondern ... also, das ist paradox, aber gerade bei den späten Sachen von Marx, dem Studierstubenzeug, all den mit dem Anspruch, besonders wissenschaftlich zu sein, vorgetragenen Dingen, kommt der Klassenkampf eigentlich nicht mehr vor. Subjekt ist nur noch das Kapital. Alles, was gedacht und gesagt wird im Kapitalismus, dient dem ... da finde ich dann selbst John Stuart Mill und seinen ›Marktplatz der Ideen‹ noch treffender.«

Ich erinnere daran, daß die Enzyklopädisten und übrigen Aufklärer ihre Idee der Toleranz und der Redefreiheit an einen protodarwinistischen Gedanken gehängt haben: Wenn alle sagen dürfen, was sie wollen, wird die Wahrheit am Ende als sauberes Ausleseprodukt den Sieg davontragen.
»Ja, weil sie sozusagen schon implizit ist diesem Prinzip des Kampfes, wie übrigens dem des Tausches. Beim Kampf wie beim Tausch wird wiederholt, es wird variiert, und es wird selektiert, also haben wir es beim Ergebnis mit adaptiver Komplexität zu tun. Und dafür ist natürlich die Evolutionstheorie zuständig.« Wie sie »natürlich« sagt: allerliebst.

Wir reden eine Weile über Komplexität, Vorhersagbarkeit, Stabilität von Systemen. »Vielleicht hat am Ende Stephen Wolfram recht«, spekuliert sie gutgelaunt, »der empfiehlt, die ganze Sache mit der adaptiven Komplexität niedriger zu hängen und statt Darwin die computationalen Voraussetzungen für Differenzierung und Komplexitätszugewinne zu studieren: Einfache Regeln führen eben doch mit Notwendigkeit zu nicht vorhersagbaren Reichtümern. Marx dürfte das nicht umstoßen; dann müßte man halt wieder den Hegel-Anteil am Marxismus erhöhen.«

Ich erzähle ihr von der Idee des mathematischen Physikers und Kosmologen Max Tegmark, die »Theorie für alles«, nach der die Wissenschaft sucht, kurzerhand als eine mathematische Struktur zu bestimmen, zu deren Eigenschaften gehört, daß sie Unterstrukturen enthalten kann, die von sich selbst wissen, daß sie existieren – uns zum Beispiel.

»Die Frage ist dann, wie man das aus den mathematischen Möglichkeiten herausfiltern soll. Also, es gibt ja sicher Dinge, die mathematisch existieren und auch physikalisch. Aber gibt es womöglich ebenso Objekte, die nur die Mathematik kennt, nicht aber die physikalische Wirklichkeit?«

Ein konsequenter Materialist und Monist müßte eigentlich davon ausgehen, daß Gleichungen, die noch nirgends im Universum durchgerechnet wurden – sei's elektrochemisch in einem Hirn, sei's im Zuge einer anderen Art von physikalischem Prozeß –, strenggenommen keine Lösung haben.

»Das hängt wieder davon ab«, sagt sie, »wie wir das Verhältnis von Information und Wahrnehmung auffassen, von Genotyp und Phänotyp sozusagen. Ist in den ersten Sekunden des Universums implizit jede Rechnung enthalten, die später ablaufen wird? Wenn das so wäre, gäbe es wahrscheinlich eine Gleichung, die alle anderen Gleichungen enthält. Das Spätere wäre immer reduzibel auf das Frühere. In diesem Sinne, denke ich, wollte Marx beweisen, daß der Sozialismus einem bestimmten Stand der Produktivkräfte implizit ist und sozusagen nur noch in … adäquaten Selektionsprozessen herausgefiltert werden muß.«

Im Klassenkampf.

»Richtig. Bloß hat sich Marx seinen Sozialismus ja denken können, bevor er als Ergebnis der adaptiven Komplexitätserzeugung im Gesellschaftlichen je zustande kam. Ist das dann also ein exaptiver Prozeß in Marxens Hirn und der Gesellschaft zusammengenommen? Hellseherei? Oder ist es nicht eher so, daß das Handeln der Leute auf Theorie immer irreduzibel bleibt, egal wie gut die Theorie ist?«

Naja, der Punkt scheint mir, daß Menschen sich etwas vornehmen können. Auf ein Ziel hinarbeiten und sich dabei zu den gegebenen Tatsachen so verhalten, als wären die schon Mittel zur Erreichung dieses Ziels.
»Ja. Freilich, dabei entsteht ein Zirkel, oder er tut dies nicht: Nur wenn das Ziel erreicht wird, waren die gegebenen Tatsachen wirklich Mittel.«
Deswegen – wegen dieser Rekursivität – steht das Wort »bisherige« im Satz »Alle bisherige Geschichte ist die Geschichte von Klassenkämpfen«. Mitgemeint ist etwas wesentlich Zukünftiges, aber gesagt werden kann es nur in der Vergangenheitsform.
Sie nickt: »Ja. Wie das bewertet werden muß, was war, kommt ganz darauf an, was wir tun: Das unterscheidet Marx von allen Geschichtsphilosophen vorher, und deshalb mag ich ihn dann doch wieder sehr. Obwohl er manchmal hinter Darwin zurückfällt.«

17 Kaputtmachen

Wenn südbadische Weinbauern gegen Kernkraftwerke agitieren, französische Metzger bei McDonald's die Scheiben einschmeißen oder indische Arbeiterinnen einen Automaten in Brand

stecken, der sie ersetzen soll, spricht man von Maschinenstürmerei. Sozialistisch ist die nicht; aber dafür nachvollziehbar.
Sollen sich die Leute vielleicht darüber freuen, daß ausgerechnet
der technische Fortschritt Lebensläufe beschädigt, denen er zum
Segen ausschlagen müßte? Daß er die einen arbeitslos macht und
die anderen in den Akkord hetzt, dabei blinkt und stinkt und
nebenbei ungenießbare, aber billige Lebensmittel auswirft?

Mit der ungleich gewaltigeren Maschinenstürmerei, die das Kapital veranstaltet, wenn es technisches Gerät in großen Mengen
zu dem exklusiven Zweck herstellt, Gebäude, Menschen und
am Ende auch sich selbst zu vernichten, mit der Kriegswirt-
schaft also, dem *big business sui generis*, kann sich das bißchen
ohnmächtige Randale von Klein- und Nichteigentümern ohnehin nirgends messen.

Gezielte Wertvernichtung als Bedingung für Kapitalakkumula-
tion, Inbegriff der vom Erfinder des Begriffs freilich ganz anders gemeinten »schöpferischen Zerstörung« (Schumpeter): Der
»militärisch-industrielle Komplex«, vor dem Eisenhower nach
dem Zweiten Weltkrieg warnte, begann gleichsam als radikale
Anwendung der Keynesschen Eingebung, man könne eine na-
tionale Konjunktur, wenn sie lahmt, stracks durch Staatsaus-
gaben anheizen, welche Beschäftigung, Kaufkraft und Binnennachfrage schaffen.

Was kauft der Staat am liebsten? Autobahnen und Panzer. Die helfen nämlich, wenn alles gutgeht, seine Macht zu vergrößern. Aus
dem Kriegs-Keynesianismus, als dessen strebsamster Pionier *ante
verbum* Adolf Hitler gelten darf, der die Idee, woher immer, wohl
nicht von Keynes hatte, ist nach dem Ende des Kalten Krieges der

military neo-liberalism geworden, den die oppositionelle Gruppe Retort 2005 in ihrer Studie *Afflicted Powers* beschreibt: Expansion, Privatisierung und Deregulierung der Militärwirtschaft greifen nicht nur bei den Amerikanern, sondern auch etwa im Fall der deutschen Luft- und Raumfahrt längst weit über nationalökonomische Belange hinaus – so weit, daß die *Afflicted Powers*-Autoren mit Recht von der »wahren Globalisierung« sprechen.

Die bringt nicht *internet trading, green cards* und Freihandelszonen, sondern *Enduring Freedom*, Bombenteppiche und Besatzungstruppen.

Der moderne Reaktionär ist einer, der weiß, daß die Besonderheit der gegenwärtigen Epoche gegenüber allen vorangegangenen Zeiten darin besteht, daß in ihr die Mittel beredt werden und anfangen, von gesamtgesellschaftlichen Zwecken zu sprechen.

Man sieht den Maschinen an, was sie könnten.

Das schafft Hoffnung bei den Massen, und die ist gefährlich für Nutznießer von Hierarchien.

Der moderne Reaktionär geht, weil er das weiß, mit der Zeit: Wenn plötzlich sehr viel bequemere Verkehrswege möglich sind, dann baut er eben kriegstaugliche Autobahnen; wenn die Rechenkapazität von Computern spieltheoretisch aufschlüsselbare Makroprozesse bewältigen kann, dann läßt sich damit auch ein Atomkrieg planen; wenn die Chemie die Forstwirtschaft verändert, kann man damit immerhin Vietnam entlauben.

Die politischen Effekte der vorkapitalistischen Produktionsweisen waren partikular und kurzfristig. Man lebte in Landkreisen und nach Jahreszeiten. Die der kapitalistischen sind universal und langfristig. Deshalb kann man sie auch für Absichten einspannen, die das Große Ganze nicht als maximale Wohlfahrt und Würde aller Individuen wollen, sondern als Gestaltungsraum der steten Wiederherstellung des Immergleichen im größtmöglichen Maßstab. Die neue göttliche Ordnung ist technisch, die Welt wird rasch flacher, als sie je war. Allseitigkeit als Folge der Verwissenschaftlichung der Produktion, die wiederum Folge der Konkurrenz ist: Eine kapitalistische Fabrik stellt ihre Erzeugnisse nicht mehr nur für die Leute aus der Gegend, sondern tendenziell für jeden vorstellbaren Abnehmer her, genau wie eine Gleichung Newtons oder Galileis die Bewegung von Körpern nicht mehr anekdotisch oder mythisch, sondern gesetzmäßig beschreibt und daher überall anwendbar ist.

In solcher Universalität steckt für die Linke schon die ganze politische Idee des frühsozialistischen Saint-Simonismus oder Marxens freie Entfaltung des Einzelnen als Bedingung der freien Entfaltung aller.

Ihre statistische Fassung im utilitaristischen »größten Glück der größten Zahl« durch Bentham und Sidgwick, zwei Bürger reinsten Wassers, verbirgt kaum zureichend das schlechte Gewissen der Klasse, die weiß, daß sie davon lebt, anderen Klassen den Zugang zum Glück zu versperren.

Wo Sozialisten genötigt sind, einen Apparat zu zerschlagen, der potentiell großen Nutzen in sich trägt, aber zum Herrschaftsmittel bei der Verfolgung von Partikularinteressen entwürdigt wurde, fühlen sie sich meist gezwungen, die Untat mit einer Güterabwägung zu rechtfertigen.

Ganz wohl ist ihnen nie, wenn das gesprengt, abgefackelt und zerschmettert wird, was Voraussetzung für die von ihnen gewünschte vernünftige Gesellschaft sein könnte. Im »Aufruf zur Taktik der Zerstörung im Rahmen des Widerstandskampfes«

vom 6. Februar 1947 erklärt Ho Tschi Minh seinen vietnamesischen Genossen: »Wenn wir nicht die Lasttiere der Franzosen sein wollen«, so müßten eben »die Zerstörungen ausgeführt werden. [...] Jeder Schlag mit der Spitzhacke ist wie eine Kugel, die unsere Soldaten gegen den Feind abfeuern.« Anders als die Nazis aber, die bekanntlich weitermarschieren wollten, »bis alles in Scherben fällt«, bringt er es nicht über sich, das kurze militärische Wort zur akuten Notwendigkeit an die Truppen zu richten ohne einen Hinweis darauf, daß dieser Krieg mit großem Widerwillen geführt wird, weil man eigentlich sehr viel Besseres zu tun hätte: »Wir werden schönere Straßen, Brücken und Schleusen errichten.«

Als vor zwanzig Jahren neue politische Bekanntschaften unweigerlich die Frage mit sich brachten: »Bist du gegen Atomkraft?«, hatten Sozialisten es wieder einmal nicht leicht. Antworten wie: Ich bin gegen Atomkraft in der Hand des Feindes, und der Feind, das ist die Klasse, die den Profit will statt den Nutzen, wollten die Bekämpfer des heraufziehenden »Atomstaats« nicht hören. Als dann auch noch das größte kerntechnische Unglück, von dem zu dieser Zeit die Rede sein konnte, just im Mutterland des realexistierenden Sozialismus stattfand, hätten Sozialisten sich eigentlich mit langwierigen Erklärungen unbeliebt machen müssen wie der, daß Atomkraft unter Weltmarktbedingungen eben billiger als der auf diesem Weltmarkt ausgemittelte Preis anderer Energieträger sein mußte und das Allerbilligste nun mal Ramsch ist. Das taten die meisten von ihnen freilich nicht (wie unmarxistisch so ein DKP-Mensch argumentieren konnte, muß man erlebt haben, um es glauben zu können). Über »sowjetische Atome gut, amerikanische Atome böse« ging wenig hinaus, was die kleine und schwache parteiliche Presse der *fellow travelers* zur Sache vorzubringen hatte. Gott sei Dank ist diese finstere Epoche vorbei – auf soviel Ökonomie können sich inzwischen Ökologen und Sozialisten verständigen, daß die Menschheit nun mal nicht das Profitable, sondern das Nachhaltige braucht, wenn sie überdauern will.

Was ist Rentabilität? Der kapitalistische Grund dafür, daß Sozialisten selbst in Friedenszeiten manchmal Maschinenstürmer sein müssen. Ehe wir den Schrott nicht beseitigen, der bloß Geld machen kann und nichts Nützliches, ist der Platz nicht frei für die Industrie, die wir wollen.

Ob allerdings überhaupt etwas übrigbleibt, das wir so, wie es der Kapitalismus hinterläßt, in Besitz nehmen können, ist fraglich, zerstört der Schrott doch nicht nur Natur, sondern sogar diejenigen unter den bürgerlichen Errungenschaften, die sich nur fürs Gemeinwesen, nicht aber für die Kapitalisten rentieren. Zum Beispiel zivile Verkehrswege: Die Kleinstadt meiner Herkunft vom nächstgelegenen Universitätsstandort aus zu erreichen ist heute bereits beschwerlicher als vor zehn Jahren, nämlich vor der Bahnprivatisierung, die Fern- und Nahverkehr in verheerendem Ausmaß »entflochten« hat. Obwohl das Transportwesen also wie jeder andere Wirtschaftszweig von technischen Verbesserungen hätte mitzehren können, wurden Strecken nicht etwa ausgebaut, sondern stillgelegt – als wäre wieder der »Schwellenreißer« in Betrieb, das Zerstörungsinstrument, mit dem die Wehrmacht auf dem Rückzug gegen Ende des Zweiten Weltkriegs Schienenwege unbrauchbar machte.

Streikwillige in den letzten Hochlohngegenden haben Respekt vor den kurzen Wegen und der avancierten Logistik der Gegenwart. Sie wissen, wie schnell der Kapitalist seinen Laden in Gegenden verlegen kann, wo nicht so oft gestreikt wird. Dieselben kurzen Wege und logistischen Annehmlichkeiten aber bleiben unsichtbar beispielsweise für alte Leute, in deren erreichbarer Nähe plötzlich keine Lebensmittelläden mehr zu finden sind. Das nennt man dann regionale Strukturschwäche. (In ländlichen Gegenden der reichen USA leiden immer mehr Alte, nicht nur Arme, sondern auch solche aus dem absinkenden Mittelstand, an Mangelernährung, weil sie nur selten mit dem Bus zum Großmarkt fahren können, der die kleinen übers Land verstreuten Läden durch Preisunterbietung vom Markt gedrängt hat. Mißernte? Die neue Form des Hagelsturms, der die Alten, Kranken und Schwachen mit Hunger bedroht, heißt Wal Mart.)

Das Kapital hat die ersten allseitigen Maschinen bauen lassen, als die freie Konkurrenz es dazu ermutigte. Jetzt zerschlägt es deren späte Folgen selbst, wo sie sich nicht rechnen oder wo die Gewinne, die sie abwerfen, Erwartungen nicht erfüllen.
Erkennen und von der rechten unterscheiden wird man die linke Maschinenstürmerei an Strategie, Taktik und Ergebnis. Man wird sich vorbehalten, das Zerstörte auf höherer Stufe wiederherzustellen und dabei nach der Regel verfahren müssen: Zerschlagt die Apparate, aber schützt die Bauanleitungen.

18 Wesen der Technik und politische Schriftstellerei

Der politischen Linken ist seit Henri de Saint-Simons »Das Goldene Zeitalter des Menschengeschlechts steht uns bevor« von 1814 klar, daß Wissenschaft und Technik, also die Bauanleitungen und die Maschinen, als etwas Soziales und Politisches behandelt werden sollten: »Die Gesellschaftsordnung ist umgestürzt worden«, schreibt Saint-Simon, »weil sie nicht mehr dem Stand des Wissens [!] entsprach: An euch ist es, eine bessere zu schaffen. Das politische Gefüge ist zerstört worden: An euch ist es, ein neues zu schaffen.«

Von der »Macht der Dinge« spricht er dann, die »das alte Denken« zu lange am Leben erhalten habe.

Man erkennt in dieser »Macht der Dinge« leicht die »vergegenständlichte Arbeit« sensu Marx, das »Gewicht der toten Geschlechter«, kurz: solche Einrichtungen, die gestürmt und geschleift werden müssen, weil sie das Vermögen des Menschen lähmen, die Menschheit herzustellen.

Saint-Simon sieht den neuen, nun nachbürgerlichen Universalismus heraufziehen: »Zweifellos wird eine Zeit kommen, in der alle Völker Europas erkennen werden, daß sie zuerst die Probleme des allgemeinen Interesses lösen müssen, bevor [!] sie sich den nationalen Interessen zuwenden; dann wird damit begonnen, die Übel zu verringern, die Unruhen zu besänftigen, die Kriege aufhören zu lassen. Das ist das Ziel, auf das wir uns ständig zubewegen; das ist das Ziel, auf das uns der Geist der Menschheit zuträgt. Aber wer wird sich wohl der menschlichen Weisheit am würdigsten erweisen: der, der sich dem Ziel mühsam entgegenschleppt, oder der, der ihm entgegeneilt? Die Phantasie der Dichter hat das Goldene Zeitalter an die Wiege des Menschengeschlechts, in die Unwissenheit und Roheit der Urzeiten verlegt; es ist eher das eiserne Zeitalter, das man dorthin verweisen müßte. Das Goldene Zeitalter des Menschengeschlechts findet sich nicht hinter uns, es steht uns bevor, es liegt in der Vervollkommnung der gesellschaftlichen

Ordnung; unsere Väter haben es nicht gesehen, unsere Kinder werden es eines Tages erleben. An uns ist es, ihnen den Weg zu ebnen.«

Saint-Simon spricht übers Geschichtemachen und meint damit den Schritt vom Wünschen zum Wollen, den eigentlich politischen, den linke Universalisten tun müssen. Nicht »so kann es nicht weitergehen«, sondern »so soll es nicht weitergehen«; nicht die Suche nach dem *authentischen* Leben wie bei Rousseau ist die Aufgabe, sondern nach dem *produktiven* wie bei Spinoza; nicht das archaische Glück ist das Ziel, sondern das erst herzustellende.

Dazu verlangt Saint-Simon Wissenschaft, dazu Technik. Aber was ist das, Technik? Worin liegt, wenn das unheimliche Hauptwort erlaubt ist, ihr Wesen? Nicht in etwas Technischem selbst, sprechen die Schüler Martin Heideggers ihrem Lehrer gern nach. Einverstanden, sagt der Sozialist: Das Wesen des Technischen ist nichts Technisches.
Sondern? Etwas Soziales: das in gesellschaftlicher Praxis gesetzte Verhältnis von Freiheit und Notwendigkeit, von Zweck und Mittel, in der Produktion und Reproduktion des gesellschaftlichen Lebens.
Wer setzt die Zwecke im Kapitalismus? Besitzer, Geldgeber, Kapitalisten. Wie sind diese Zwecke bestimmt? Als abhängige Variablen der Vermehrung des Kapitals. Wie paßt der Fortschritt von Wohlfahrt, Wissen und Können aller zu dieser Zweck-Mittel-Rationalität des Kapitalismus? Schlecht.

Ein simples Beispiel: Dieses Büchlein, sein Verfasser, der Verlag und das Publikum.

Ich möchte gern, daß, wer dies gelesen hat, sich entschiedener im Recht fühlt beim Fordern, Streiken, Konspirieren und Untergraben des unvernünftig Gegebenen. Ob das Büchlein bei eBay erworben, gestohlen oder als Mängelexemplar billig gekauft ist, bleibt dieser Absicht äußerlich.

Als Autor, der von seinem Sermon auch die Kräfte wieder regenerieren will, die ihn dessen Abfassung kostet, muß ich aber an dem Büchlein verdienen, und der Verlag, das Arrangement aus Druckmaschinen, Lagergebäuden, Vertriebswegen und Verträgen, ohne den ich es nicht unter die Leute brächte, muß das auch.

Als *politischer* Schriftsteller hänge ich somit einem anderen Interesse nach denn als politischer *Schriftsteller.* Der eine will, daß der Text bei Intellektuellen, die mit ihrem Los als gebildete Fellachen und Tagelöhner unzufrieden sind, also bei Polizisten mit Abitur oder an zeitkritischer Literatur interessierten Soldatinnen, das Maximum an Verbreitung findet. Dazu müßte er ihn fast verschenken, denn viele, die er erreichen möchte, sind nicht reich und besuchen zu selten Buchhandlungen.

Der andere, die zweite Seele in derselben Brust, will, daß der Text viel Geld verdient, und wird also dem ersten im Weg stehen.

Wo gibt's das? Im Kapitalismus. Dieses dauernde Spaltungsirresein macht mich ganz mürbe.

19 Rückwärts nimmer

Wichtigste Daumenregel für tätige politische Vernunft im einundzwanzigsten Jahrhundert, ob nun im Kampf um Flüchtlings- und andere Weltbürgerrechte, gegen transnationale Konzerne, gegen den Militarismus, gegen das mediale Spektakel oder einfach den Imperialismus in allen seinen Erscheinungsformen: Praktische Unterstützung verdienen nur diejenigen Formen des Antikapitalismus, die nicht vorkapitalistische Zustände wiederherstellen wollen.

Tribalistische, völkische, rassistische, religiöse Attacken aufs Bestehende, Rebellionen, die nach Dorfgemeinschaft, Scholle, Urkommunismus oder überhaupt der Zeit vor der entwickelten Arbeitsteilung stinken, verschärfen den katastrophischen Zerfall einer Weltgesellschaft, die das Kapital erst bewußtlos hergestellt hat und die es jetzt ebenso blindlings zerstört.

Was immer Sozialisten der nahen Zukunft unter Bündnispolitik verstehen: Wenn sie das vergessen, geben sie sich auf. Wo also etwa (ein vergleichsweise unverfängliches Beispiel) schottische Linke den Diebstahl des Nordseeöls durch den englischen Kapitalismus bekämpfen und Allianzen mit lokalen Separatisten eingehen, tun sie gut daran, nicht in die Falle des (hier innerimperialistischen) Befreiungsnationalismus zu tappen.

Sollte sich (ein weit heikleres Beispiel) in den nächsten Jahren irgendwo ein politischer Islam regen, der im Ernst ein anderes Gesellschaftsmodell als das feudale vorzuschlagen hat und beispielsweise die widerlichen und doppelzüngigen Alliierten des Westens von Saudi-Arabien bis Pakistan nicht durch etwas noch Widerlicheres (Taliban, Iran) ersetzen will, so mag er denen, die die Freiheit wollen, willkommen sein. Wo aber die ekelhaften Zutaten typisch mittelalterlicher Zustände (Misogynie, religiöser Wahn, Homophobie, Antisemitismus) ins rebellische Programm eingekocht werden, ist keine Hoffnung.

20 Organisierte Ungeselligkeit

Klassengesellschaften müssen, um ihre Hierarchien intakt zu halten, die Hersteller von Gütern, Wohlfahrt, Wissen und Können scheiden von denen, die den Löwenanteil dieser Dinge und Nichtdinge besitzen und dem Rest zuteilen. Weil diese Trennung im Kapitalismus als Verkaufs- und Kaufgeschehen reguliert wird, ergeben sich mit zunehmendem abstrakten Reichtum immer häufiger slapstickartige Situationen, die nach dem Prinzip »Leih mir was, damit ich dir was kaufen kann« eingerichtet sind – oder im Fall der nun auch schon wieder halb vergessenen, angeblich krisenfesten *New Economy*: Wir haben beide eigentlich nichts, aber das drehen wir einander zu überhöhten Preisen an, um unsere Bereitschaft anzukurbeln, vielleicht doch noch einmal etwas herzustellen.

Die kapitalistische Gesellschaft führt sich auf, als wäre sie gar keine Gesellschaft (die gescheitesten unter ihren Köpfen geben das zu: »There is no such thing as society«, hat Margaret Thatcher gesagt); als könnte es beispielsweise den reichen Ländern egal, ja irgendwie sogar recht sein, wenn sie die Rohstoffbesitzer in den ärmeren übers Ohr hauen, ausbeuten und unterdrücken. Was sich jedoch die über den Weltmarkt längst virtuell erzeugte, politisch aber unrealisierte Menschheit antut, schlägt immer auf sie als ganze zurück.

Die Kapitalisten führen sich auf, als wollten sie zur Menschheit gar nicht gehören.

Na schön.

Ich mag die Moderne, gerade auch als ästhetisches Programm, als *Modernismus*, samt den bekannten Umsetzungen – widersprüchlich und hochfahrend, immer neu.

Nichts seit der Renaissance war riskanter oder verheißungsvoller.

Die häßlicheren Ausprägungen des Unternehmens habe ich mir selbst von Sozialisten wie Lukács und Hacks nicht madig machen lassen, die darin nur spätbürgerliche Dekadenzerscheinungen erkennen wollten. Normalerweise kann man sich bei solchen Uneinigkeiten im sozialistischen Lager (hie Hacks, der Klassizist, dort Majakowski, der Modernist) darauf verlassen, daß früher oder später gute Gründe für eine Parteinahme oder aber für die Auflösung der Uneinigkeit auf höherem Niveau sichtbar werden.

Sehr ärgerlich fand ich jahrelang, daß das in diesem Fall nicht geschah.

Sollte es sich am Ende um Geschmackssachen handeln?

Die Argumente der bürgerlichen Verteidiger des Modernismus kamen mir fade vor; ich habe sogar gelegentlich gegen sie polemisiert: Epochal fanden sie immer, daß Maler die Farbe und die Perspektive, nicht mehr die naturalistischen Sujets behandelten, daß Tonsetzer wie Schönberg plötzlich darauf verfielen, das Tonangebot zu bearbeiten, daß Schriftsteller wie Joyce gar die Sprache zum Helden der Bücher erhoben.

Allzuoft enden Leute, die so etwas rühmen, nach ein paar ästhetischen Purzelbäumen bei der Behauptung, eigentlich sei es in den Künsten schon immer nur ums Explizitmachen der Inferenzmittel gegangen – »die Sprache spricht« (Heidegger) im Dichter et cetera – und das Wunderbare am Modernismus bestehe bloß darin, daß er alles andere fortlasse.

Das schien mir stets in tolpatschiger Weise den Unterschied zwischen Büchern, die tatsächlich von Sprache handeln, und solchen, in denen es um Quasare, Walfische, Allegorien der kapitalistischen Gesellschaft oder die Wetterhexe Rumpumpel geht, zu vernachlässigen.

Da hatten sich also Künstler von ihren bisherigen Sujets emanzipiert und sich auf ihr Arbeitszeug geworfen – oft vergißt man, etwa bei Aufsätzen über den Dadaismus, zu erwähnen, warum, nämlich als Verweigerungsgeste gegen den Auftrag an die Kunst, »Schöner Schein«, also ideologisches Vehikel zu sein.

Damit enthüllten sie aber doch nicht das zeitlose Innerste der Kunst, sondern nahmen einfach eine Option unter den vielen vorhandenen wahr, wie man sich dem Quasar, dem Walfisch und so fort nähern kann. Ein kubistischer Walfisch ist unter dem Aspekt bestimmter Fragestellungen, aber eben nur unter diesem, informationsreicher als ein naturalistisch gepinselter, weil er die Selbstreflexion des Malers auf seine Wahrnehmungsentscheidungen mitliefert.

Nachdem ich fast schon bereit war, mich mit der Kategorie »Geschmack« anzufreunden, hatte ich plötzlich Glück: Bei der Beschäftigung mit etwas scheinbar völlig anderem wurde mir klar, daß dieses scheinbar völlig andere gar nichts völlig anderes war. Ich hatte es mit Wissensgeschichte zu tun.

Da zeigte sich, daß die Quantenphysik, die Relativitätstheorie, aber auch die Molekulargenetik und die Informatik zu einem nicht unwesentlichen Teil aus formalen Kniffen bestehen, die denen der modernistischen Künstler gleichen: Existierende Werkzeuge dieser Disziplinen werden manipuliert und systematisiert, um zu noch unbekannten Einsichten vorzudringen. Der Physiker Paul Dirac zum Beispiel konnte seine bedeutendste Pioniertat, den ersten Schritt zur Abstimmung von Quanten- und Relativitätstheorie aufeinander, nur vollbringen, weil er an den Gleichungen, mit denen man 1928 das Verhalten bestimmter Beobachtungsgrößen beschrieb, so lange herumdrehte, bis Vorhersagen dabei heraussprangen, die sich bald darauf auch experimentell bestätigen ließen. Das war neu; das hatte es nie gegeben. Galilei, Newton oder Maxwell waren von experimentellen Befunden oder Gedankenexperimenten ausgegangen wie die Impressionisten von ihren Landschaften. Die Entscheidung, konstruktiv darüber hinauszugehen und allein an den vorhandenen Kürzeln für bekannte Naturvorgänge etwas aufzuweisen, was zur Entdeckung bis dahin unbekannter Naturvorgänge führt, ist so revolutionär wie ein Bild übers Quadrat statt über den Wald. Ähnliches fand ich bald in der Mathematik, in der Informatik (Gödels und Turings Selbstbezüglichkeitsuntersuchungen) und in der Biologie (die auf dem Weg zur Genforschung ihrerseits informatische Züge bekommt).

Die Erweiterung des Gesichtskreises übers Ästhetische hinaus zum Wissenschaftlichen erlaubte mir nun, zu begreifen, was ich zuvor nicht hatte sehen können: Daß die Trennung in formale Eigengesetzlichkeit von Kunst oder Wissenschaft einerseits und deren Weltbezug (Quasare, Walfische, Wetterhexe Rumpumpel) andererseits eine naive und undialektische ist.
Hie Mittel, dort Welt: So darf man als Materialist gar nicht denken.
Am Beispiel der Physik: Es gehört doch, wie die Geschichte der Physik seit ihren Anfängen lehrt, gerade zur Welt und nicht zur Mathematik, daß die Welt mathematisch beschreibbar ist. Also werde ich, wenn ich funktionierende mathematische Beschreibungen dieser Welt, die ich besitze, ihrerseits auf verborgene Eigenschaften untersuche, notwendigerweise früher oder später

auch etwas über die Welt herausfinden, was verborgen war. Das Arbeitsmaterial generiert, wenn man seiner Binnenlogik folgt, eben deshalb, weil die Arbeit immer schon in der Welt stattfindet und von der Welt handelt, einen Sog zur Welt hin.

Das gilt – nun wieder rückwärts – für die Kunst so gut wie für die Forschung. Es gehört eben auch zur Wirklichkeit, daß man sie nach Farben und Formen, Tonhöhen und anderen akustischen Parametern, selbst noch abstrakteren Qualitäten wie Räumlichkeit und Zeitlichkeit, Gleichzeitigkeit und Kausalität, Differenz und Wiederholung aufschlüsseln kann. Indem man den Farben-, Formen-, Wort- und Klangbestand inventarisierte, untersuchte und manipulierte, der in den Künsten erreicht war, als das neunzehnte Jahrhundert in seine folgenreiche zweite Hälfte eintrat, fand man deshalb notwendigerweise Dinge über die Wahrnehmungswelt der heraufziehenden Hochmoderne heraus, die anders nicht zu ermitteln gewesen wären.
Der historische Zeitkern jener Künste und Wissenschaften leuchtet bis ins Heute.
Adornos modernistische *Ästhetische Theorie*, die von den Künstlern verlangt, in jedem Fall »den Stand des Materials« stärker zu beachten und gewissenhafter zu entwickeln als irgendwelche nachrangigen Anliegen, selbst wenn die Absicht auf »politische Kunst« geht, hat recht.

22 *Higher Politics*

Kunst und Wissenschaft hat sie verbessert; auch in der Politik machte man sich, als man modern wurde, die Idee des weltgerichteten Formalismus zunutze.

Als tragende politische Instrumente der bürgerlichen Welt waren seit der Französischen Revolution *Parteien* und *Verbände* entstanden. Auch diese Instrumente luden, wie die der Künste und der Wissenschaften, dazu ein, sie zum Gegenstand der Bearbeitung zu machen. Der erste, der das tat, war Lenin. Es folgten ihm darin fortschrittliche Sozialingenieure wie finstere Paranoiker.

Das *Manifest der Kommunistischen Partei* trägt als letztes Wort im Titel, wo man ansetzen konnte. Erst der Bolschewismus aber ging mit diesem urbürgerlichen Mittel der Erzeugung von sozialem Druck, Verbreitung von Propaganda und Hebel im Kampf um die Staatsmacht operativ so um wie Picasso mit der Geometrie und Schönberg mit den zwölf Tönen.

Lenins »Was tun?« setzt an einer Evidenzwahrheit an, die heute so gut wie alle öffentlich agierenden Linken vergessen zu haben scheinen: Wenn mein Ziel ist, die Besitzlosen zu befreien und die Geschichte planbar zu machen, dann muß ich mir darüber klar sein, daß diese Besitzlosen nicht irgendwann nach Feierabend das bestehende System sprengen können. Unterdrückte, Ausgebeutete als solche sind zunächst mal arme Hunde in stabiler Umlaufbahn um die Machtzentren. Sie müssen ihren verhexten Zustand selbst aufheben, wenn diese Aufhebung demokratisch sein soll; aber sie tun es nicht von allein und automatisch, sonst wären sie nie Besitzlose geworden. Also, »Was tun«?

Darauf warten, daß die Randale auf der Straße mittels purer Willensmanifestation ein neues Zeitalter gebiert? Das scheint die magische Denkweise von Multitude-Theoretikern und »Erdballgegnern« (Hacks) der Gegenwart. Sie erinnert an eine, deren Kritik Lenin geleistet hat: »Zu einer Zeit, da die ganze Krise der russischen Sozialdemokratie daraus zu erklären ist, daß die spontan erwachten Massen keine genügend geschulten, durchgebildeten und erfahrenen Anleiter besitzen, verkünden unsere Neunmalklugen mit der Tiefgründigkeit des dummen Hans: ›Es ist schlimm, wenn die Bewegung nicht von unten kommt! Ein Komitee aus Studenten taugt nichts, es ist nicht widerstandsfähig.‹

Sehr richtig. Aber hieraus muß der Schluß gezogen werden, daß man ein Komitee aus Berufs*revolutionären* braucht, einerlei, ob es ein Student oder ein Arbeiter versteht, sich zum Berufsrevolutionär zu entwickeln. Ihr aber zieht den Schluß, die Arbeiterbewegung dürfe keinen Antrieb von außen erhalten! In eurer politischen Einfalt merkt ihr nicht einmal, daß ihr damit unseren Ökonomisten und unserer Handwerklerei in die Hände spielt. Worin bestand, mit Verlaub zu fragen, der ›Antrieb‹, den unsere Studenten unseren Arbeitern gegeben haben? Einzig und allein darin, daß der Student dem Arbeiter die Bruchstücke politischen Wissens übermittelte, die er selber besaß, die Brocken sozialistischer Ideen, die ihm zugefallen waren (denn die geistige Hauptnahrung des heutigen Studenten, der legale Marxismus, konnte ja nichts als das Abc, als Brocken geben). Dieser ›Antrieb von außen‹ war zu schwach, heillos und sträflich schwach, denn wir schmorten nur zu sehr im eigenen Saft, beteten überaus sklavisch den elementaren ökonomischen Kampf der Arbeiter gegen die Unternehmer und gegen die Regierung an.«

Die Ergebnisse von Lenins Mühen, diese Kritik positiv zu wenden, sind bekannt. Wer den Berufsrevolutionären der »Partei neuen Typs« (Lenin) ankreidet, daß sie es versäumt haben, wünschenswerte Sicherungen gegen ihre Umwandlung in Dauerkommandeure eines despotischen Produktionsregimes ins Konzept einzubauen, sollte erstens nicht die Bedingungen vergessen, unter denen die Leninsche Strategie im elenden Rußland Erfolg

hatte, das sofort nach diesem Erfolg überdies mit einem Bürgerkrieg und ausländischen Invasoren zu kämpfen hatte, und
zweitens nicht unter das Niveau der Bearbeitung des organisato-
rischen Arbeitszeugs zurückfallen, das Lenin erreicht hat.

Die Behauptung, daß die Idee der Freistellung und Abordnung
von geschulten Leuten zum Zweck der Erkämpfung politischer
Ziele sich mit dem Debakel des Ostblocks erledigt habe, gleicht
einer Kunstkritik, die aus der Tatsache, daß es schlechte moderne Malerei und miese moderne Lyrik gibt, ableiten wollte, daß
nichts über den röhrenden Hirsch oder den Knittelvers hinaus-
gehen soll.
Wirksame Mittel sind erfunden. Sie aufzugeben kann kein Fortschritt sein.

23 *Higher Progress*

Wir bearbeiten welterprobtes Arbeitszeug und finden damit eine
Abkürzung zu neuen Arten der Weltbearbeitung – wie nebenbei erbringt die Auseinandersetzung mit diesem Wesenzug des
ästhetischen, wissenschaftlichen und politischen Modernismus
ein neues, streng formales Fortschrittskriterium.
Mit diesem Kriterium an der Hand kann man sagen, was »Produktivität« jenseits der Anhäufung von stofflichem Reichtum
überhaupt bedeuten soll; nämlich das, was Rosa Luxemburg
in *Die Akkumulation des Kapitals* darunter verstanden hat: »Je
höher die Produktivität der menschlichen Arbeit, umso kürzer
die Zeit, in der sie ein gegebenes Quantum Produktionsmittel
in fertige Produkte verwandelt. Das ist ein allgemeines Gesetz
der menschlichen Arbeit, das ebenso gut unter allen vorkapi-

talistischen Produktionsformen Geltung hatte, wie es in der Zukunft in der sozialistischen Gesellschaftsordnung gelten wird. Ausgedrückt in der sachlichen Gebrauchsgestalt des gesellschaftlichen Gesamtprodukts, muß sich dieses Gesetz äußern in einer immer größeren Verwendung der gesellschaftlichen Arbeitszeit auf Herstellung von Produktionsmitteln im Vergleich zur Herstellung von Konsummitteln.«

Das Erzeugte wird, wo Fortschritt stattfindet, nicht mehr bloß verbraucht, sondern im Sinne einer Veredelung gleichsam auf höherer Stufe recycelt. Das Mehrprodukt wird realisiert, indem man die Chance nutzt, damit die Selbstverbesserung der Produktion zu befeuern. Das erst verschafft den Produzenten die Gelegenheit, den allgemeinen Reichtum als einen Gewinn an Freiheit, nicht bloß an Gebrauchskrempel zu erleben.
»Hammer und Sichel« war ein sehr geeignetes Symbol dafür: Ernten und Bearbeiten, Natur und Werkzeuge.
Das gilt noch, wo wir selbst fürs Grobe inzwischen raffiniertere Maschinen haben.

24 Reife Universen

»Also was wären in dem Fall die Gene, wenn es bei Universen auch Evolution gibt?« fragt die Biologin.
Die fundamentalen Naturkonstanten, schlage ich vor.
Wenn ein reifes Universum eine Knospe treibt und sich ein Tochteruniversum abnabelt, gibt es eine kleine Variation bei diesen Kennzahlen, einer Mutation vergleichbar.
»Ah, das habe ich mal gelesen, stimmt, bei Howard V. Hendrix – sehr langsam geht das zu. Je größer und komplexer ein

System ist, desto langsamer erneuert es sich. Technische Veränderungen passieren schneller als soziale, soziale schneller als biologische, biologische schneller als geologische, geologische schneller als kosmologische ...«

Wer lange genug wartet, erkennt nichts mehr wieder.

25 Riesenschultern

Man kann Rosa Luxemburgs »allgemeines Gesetz der menschlichen Arbeit, das ebenso gut unter allen vorkapitalistischen Produktionsformen Geltung hatte, wie es in der Zukunft in der sozialistischen Gesellschaftsordnung gelten wird«, auch furchtbar falsch verstehen.

Dann glaubt man, es besage, daß immer bessere Technik die jeweils schlechtere, die ihr vorangeht, mit Notwendigkeit ersetzen müsse, und mag annehmen, daß der Fortschrittspartei dabei weiter nichts aufgegeben sei, als brav dafür zu sorgen, daß diese stete Optimierung nicht gestört werde. Daß eine solche Produktivkraftheilsgeschichte daran vorbeigeht, wie Menschen ihre Mittel an ihren Zwecken messen und verbessern, kann man, wenn man es nicht weiß, beim (jeder marxistischen Neigung völlig unverdächtigen, in diesem Punkt jedoch eisern materialistischen) Mediendenker Marshall McLuhan lernen.

Neue Medien, sagt der, lösen alte nicht etwa in dem Sinne ab, daß letztere rückstandslos verschwänden, wo die neuen Verbreitung finden. Sie eignen sie vielmehr an, bereiten sie auf, erweitern sie. Neue Medien machen alte zu ihrem Inhalt (zum Beispiel bei Fernsehdramen, die wie Theaterstücke produziert werden), zu Spendern ihrer abhängigen Oberflächeneigenschaften (Webseiten sehen aus wie gedruckte), zu ihren Zulieferern

(Kinofilme auf DVD) … kurz: sie rekonfigurieren und erweitern das Menü, auf dem die Vorgänger nunmehr nicht länger Leitmedien sind, sondern Hilfsmedien. Nicht das Abschaffen ist die Funktion der neuen Technik, sondern das Einrahmen, Instrumentalisieren, Ihre-Funktionen-schärfer-Abgrenzen.

McLuhans Regel macht nicht halt beim Medialen: Auch Computer und Halbleiter oder Innovationen der pharmazeutischen und agrikulturellen Biotechnologie ummanteln ihre Vorformen, nehmen sie in ihre Dienste.

Alle *Techniken*, im allerweitesten Sinn, von der Krafterzeugung übers Verrechnungswesen bis hin zu Foucaults »Techniken des Selbst«, funktionieren auf diese Weise. Der Grund dafür ist, daß schon das, was Technik möglich macht, die Wissenschaft, auf diese Weise funktioniert. Wissenschaft wiederum funktioniert so, weil die Natur es ihr vormacht, an der entlang sie ihre Komplexität entwickelt, seit es Wissenschaftler gibt und sie voneinander lernen – ebendas sagt Isaac Newtons berühmter Ausspruch »Wenn ich weiter geblickt habe als andere Menschen, so nur, weil ich auf den Schultern von Riesen stand«.

Nichts wird je ganz aufgegeben, was sich für eine bestimmte Aufgabe, Nische, einen spezifischen Locus der jeweiligen Evolution als tragfähige Lösung erwiesen hat. Die Saurier sind ausgestorben, aber Reptilien gibt es, wo sie zurechtkommen, immer noch. Der Kahlfraß, die Auslöschung sind katastrophische Sonderfälle, nicht die Regel; wirkliche »Paradigmenwechsel« im Sinne einer Abfolge völlig inkommensurabler Komplexitätsformen kennen (Thomas Kuhn zum Trotz) nicht nur die Forschungszweige nirgends, sondern nicht einmal die erfundenen Willkürsysteme der Menschenwelt, Kunst und Wahnsinn.

Das Wasserrad dreht sich noch; der Flaschenzug funktioniert auch auf dem Mars; was wir einmal hienieden über Bergbau und Metallbearbeitung gelernt haben, wird uns ebensogut im Asteroidengürtel nützen. Wasserpumpen und Dampfkraft, Windenergie, Kurbeln und Haspeln, Schnecke und Federhaus, Kette und Schraube, Werkzeugmaschinen, Manufaktur, Spinning Jenny, chemische Industrie, Turbinenantrieb, Gyrokompaß, Lochkarten, die Vakuumradioröhre, der integrierte Schaltkreis, Goddards Raketenantrieb, der Tonfilm, Bucky Fullers Wohnmaschinen, die Macht aus den Gewehrläufen und die aus den Glasfaserkabeln – die ganze immerfort von uns bewirkte und uns verändernde zweite Natur, von Ägypten über Griechenland bis zur Renaissance und der Neuzeit, enthält Keimformen der Freiheit ebensogut wie Blaupausen der Unterdrückung, von denen keine je ganz abgegolten, je ganz eingelöst, je ganz überwunden wurde.

Daß wir das, was ist, im Kopf aufheben und diese Aufhebung dann in die Tat umsetzen können, begründet die Möglichkeit von Demokratie und Planung.
Entdecken und Erfinden bleiben die anthropologischen Voraussetzungen jeder Forderung der Beraubten, Unterdrückten und Ausgeschlossenen wie jeder Drohung der Räuber, Herrscher und Bewacher.
Wenn aber Demokratie und Planung nicht politisch durchgesetzt werden, erzwingt sie auch kein Wissen. Rosa Luxemburgs Gesetz ist nicht eins der automatischen Entwicklung der Produktivkräfte, sondern eins der möglichen Veränderung der Produktionsverhältnisse unter Bedingungen der Verbesserbarkeit, die sich entweder bewußtlos oder absichtlich vollziehen kann.
Daran hängt der Unterschied zwischen Fortschritt und Verhängnis.

26 Dumme Bomben

Die Entwickler der US-Kriegsdoktrin seit dem Jahr 2000 hätten sich hüten sollen, ihre »Revolution« im Militärwesen auszurufen, von der sie behaupteten, sie habe sich aus der Tatsache ergeben, daß die »Operation Desert Storm«, der Irakfeldzug unter Bush I. 1990, der erste Waffengang in der Geschichte der Menschheit war, dessen strategischer und taktischer Schwerpunkt im Weltall lag.

Die *precision guided munitions* (PGMs) und smarten Waffensysteme samt ihrer weltraumgestützten Logistik im neuartigen IT-*battle space* stellten zwar tatsächlich den Erfolg der Strafaktion gegen Saddam Hussein wegen der versuchten Annexion Kuwaits sicher. Nachvollziehbar, wenn auch nicht rühmlich, erscheint daher, daß Kommentatoren schwärmten, man müsse in der Tomahawk-Rakete eine Botschafterin der Humanität erkennen, zumindest verglichen mit den Flächenbombardements des Zweiten Weltkriegs, ganz zu schweigen von der Atombombe.
Zwei der Klügsten unter den Experten, George und Meredith Friedman, verstiegen sich zu der These, ein geopolitischer Epochenbruch habe stattgehabt, dessen Folgen weit über Krümeleien wie den Zerfall des Ostblocks hinausreichten: »Viele haben das Ereignis zur Kenntnis genommen. Für uns jedoch rangiert diese Innovation neben der Einführung der Feuerwaffen, der Phalanx oder des Streitwagens als ein alles Weitere bestimmender Augenblick der Menschheitsgeschichte. Die Phalanx hat Griechenland zum Sieg geführt, der Streitwagen bescherte uns das persische Imperium. Europa hat die Welt mit der Feuerwaffe erobert. Jede dieser Waffengattungen hat nicht nur die Art und Weise bestimmt, in der Feldzüge geführt wurden, sondern die Textur der Historie selbst.«

Solche Reden fanden bei den Washingtoner Kriegsherren, die nach den Anschlägen auf amerikanischem Mutterboden am 11. September 2001 bald neue Feldzüge gegen Afghanistan und abermals den Irak anordneten, aus drei Gründen Gehör: Erstens ließen sich damit tatsächlich Schlachten gewinnen; die Strategie hat nicht nur Saddam, sondern auch Milošević, den Taliban und den afghanischen Felsenfestungen der al-Quaida schwere Schläge versetzt. Zweitens ist der Glaube an die Hegemoniechance durch Formatierung virtueller *battle spaces* das säbelrasselnde Äquivalent zu den Elmsfeuern der New Economy, von der selbst ein so beschlagener Mann wie der langjährige Chef der amerikanischen Notenbank Alan Greenspan jahrelang geglaubt hat, man habe damit eine Sorte Handel erfunden, dessen unumschränkte, selbstregulierte Investitions- und Innovationsbeschleunigung endlich die krisenfreie Akkumulation ermögliche, von der *shareholder* träumen.

Der dritte Grund für den Respekt, den die neue Doktrin »uneinholbarer Vorsprung durch computerisierte Treffsicherheit« wenigstens kurzfristig sogar bei einigen Generälen im Pentagon genossen hat, wo man ansonsten von dergleichen skeptischen Abstand wahrt, ist die durch diese neue Doktrin eröffnete verführerische Aussicht, die Heimatfront nicht mehr mit allzu hohen eigenen Verlusten belasten zu müssen. Dieser letzte Grund fiel am schnellsten in sich zusammen, als die Besatzungszeit nach der Niederwerfung des Saddam-Regimes begann. Es war alles Wind gewesen: Die neue Technik hatte die Imperative der Kriegsführung, die von der Phalanxzeit über die Perserkriege bis nach Vietnam für Besatzungsarmeen gegolten hatten, keineswegs außer Kraft gesetzt. Wie hätte sie das auch sollen? Ich wiederhole: Neue Techniken geben bekannten einen neuen Kontext.

»Die Menschheit bedurfte des Schießpulvers«, schreibt Hegel, »und also bald war es da.«

Eine Rakete kann, so präzise sie ihr Ziel trifft, kein besiegtes Land aufbauen und regieren.

Seltsame Architekten einer neuen Weltordnung sind das, die so etwas nicht verstehen.

27 Primitiver Progressismus

Nicht nur Militärs, auch andere Eliten der bürgerlichen Welt beweisen beim Weichenstellen auf der Strecke, die das »Council of Foreign Relations« *technological innovation and economic performance* nennt, immer wieder einen seltsamen Wahrnehmungsdefekt. Sie überschätzen das Ausmaß, in dem Menschen ihre Geschichte aus freien Stücken machen, und glauben ganz aufrichtig, was der Techno-Fabulist Charles Stross seinen Bewunderern verkündet: »Die Wahl der Technologie, die wir gebrauchen, bestimmt die Art, wie wir leben.«

Wo kommt sie denn her, diese Technologie? Wer stellt uns vor diese Wahl?

In solchen Köpfen malt sich die Welt, als ob der Mensch ein Kind wäre, das zu Weihnachten in den Spielzeugladen darf, und wenn es Glück hat, ist das diesjährige Material schnittiger als das vor zwölf Monaten angebotene. Schon seit dem neunzehnten Jahrhundert, einer in ökonomischen Angelegenheiten immerhin doch etwas realistischeren Epoche, herrscht bei denen, die entscheiden, in welchen Fortschritt investiert wird, und bei ihren abhängigen Denkern ein Progressismus, dessen Erwartungshorizont, soweit er jemals konkret wird, sich in etwa mit dem decken dürfte, was von den Nachwirkungen der industriellen Revolution berauschte Liberale unter »grenzenlosem Wirtschaftswachstum« verstehen. Eine Weile zieht sich das an sich selbst hoch, bis der je aktuellste Dreh in eine Überproduktionskrise mündet. Nach dem durchlaufenen Zyklus wird dann wieder Katzenjammer draus, bis jemand irgendein Handy erfindet, und so fortan.

Neue Gimmicks und ihre marktstimulierende Wirkung sieht die Bourgeoisie gern – bis heute wärmt sie sich an der Erinnerung an die schöne Vorkriegszeit der Jahre 1995 bis 2000, als die Vereinigten Staaten sich Quartal um Quartal über immer stolzere Unternehmensergebnisse, niedrigere Arbeitslosenzahlen (nur 3,9% zwischen April und Oktober 2000) und tiefer fallende Zinsen freuen durften, angeregt nicht zum geringsten Teil von eben jener New Economy, deren erste Implosion, nämlich der Absturz der Zukunftsbörse Nasdaq, dem Spaß schließlich ein Ende bereitete. Entwickelt worden war die Informationstechnik, auf die man in der Boomperiode hat spekulieren dürfen, unter Einsatz des Staatsvermögens (vor allem des Militärbudgets).

Echte privatwirtschaftlich angekurbelte Umwälzungen im Weltmaßstab und individuelle Unternehmerpersönlichkeiten, die noch Beispiele für den Parabelverlauf »vom Tellerwäscher durch Erfindergeist zum Millionär« abgeben können, sind seit dem Aufkommen der großen Kapitalgesellschaften vor rund hundert Jahren (und erst recht im Zeitalter der transnationalen Gemischtwarenkonglomerate) äußerst selten geworden. Denn der Anschubfinanzierungsbedarf für solche Umwälzungen hat einen Umfang erreicht, den oft genug nur noch Gigakonzerne und Staatshaushalte überhaupt aufbringen können (eine Besonderheit des entwickelten Kapitalismus, die, fälschlich fürs Ganze genommen, zur Erfindung der Theorie des staatsmonopolistischen Kapitalismus geführt hat, an der soviel stimmt wie an der Theorie, daß Krankheiten immer von mangelnder Hygiene rühren – viel, aber nicht alles; insbesondere nicht das daraus abgeleitete Heilmittel, daß es beim politischen Kampf ums sozialistische Ziel heute nur noch um rein administrative, eben staatliche Aufgaben geht, aus deren praktischer Lösung dann die Transformation der gegebenen Ordnung in eine sozialistische wie von allein herausspringen soll).

Wenn es dann ein Bill Gates zum reichsten Nerd der Neuzeit bringt, dann auf sekundären, sich durch niedrige Einstiegsschwellen auszeichnenden Feldern wie dem Anwendungsmarkt – Software kann, solange das Spiel neu ist, ein einzelner oder ein kleines Häuflein noch erfinden und verwerten. Damit es aber beispielsweise überhaupt so etwas wie Personalcomputer gibt, muß schon das Gemeinwesen als Ganzes etwas vom Mehrprodukt abzweigen.

Solche Zusammenhänge sieht die Klientel, die von kleinen *Startup*-Unternehmen nachhaltige nationalökonomische Transformationen und Wachstumsschübe erwartet, deshalb nicht, weil Liberale nun mal Produktivkräfte ohne Produktionsverhältnisse zu denken versuchen (den Handyboom ohne den Arbeitsmarkt, der beim Abflauen der Welle – »Sättigung der Marktes« – plötzlich lauter Arbeitslose ausspuckt).

Wer die Beziehung zwischen Tausch- und Gebrauchswert neuer Güter falsch bestimmt, für den muß ein Rätsel bleiben, wie eine Gesellschaft veränderliche Bedürfnisse erzeugt, befriedigt oder zerstört, die es neben den fixen eben auch gibt (und ohne die Rosa Luxemburgs schönes Gesetz bloß ein frommer Wunsch wäre).

28 Her damit

Ein Lehrsatz: Veränderliche Bedürfnisse erst sind neben den notwendigen die hinreichende Bedingung dafür, daß auch der Gebrauchswert der Arbeit veränderlich ist (und also Geschichte möglich).

Was heißt »Gebrauchswert der Arbeit«?

Das kann die aus Rationalisierung gewonnene Arbeitszeitverkürzung für alle sein oder irgendeine andere Art der Aufwandsersparnis, etwa Bemühungen um die Wiederherstellung heruntergewirtschafteter Lebensgrundlagen, Herstellung gerechten Ausgleichs mit bislang Benachteiligten, Besiedlung des Alls – kurz, was immer diejenigen wollen können, die entscheiden, was und wie überhaupt produziert wird.

Anstoß und Treibmittel des Prozesses, der solchen Willen realisiert, war in Europa, beginnend mit den städtischen Gewerbetreibenden und Händlern der Renaissance, bis ins späte neunzehnte und frühe zwanzigste Jahrhundert, die berühmte freie Konkurrenz.

Davon, daß das gut funktioniert hat – die Produktivkräfte sind unter diesem Selektionsdruck explosionsartig vermehrt worden –, bezogen bürgerliche Nationalökonomen die Gewißheit, es könne im Sozialismus, der die profitvermittelte Konkurrenz abschafft, nichts anderes mehr geben als Stagnation – jedenfalls keine flächendeckenden Veränderungen mehr wie die, denen die Industriekapitäne, Eisenbahnbauer und Räuberbarone des neunzehnten Jahrhunderts ihren Fortschrittseifer verdankten.

Daß Eifer überhaupt, sei's für den Fortschritt, sei's als Sparsamkeit oder Arbeitsdisziplin, nur vorkommen soll, wo der Stachel der allseitigen Konkurrenz dafür sorgt, ist naiv gedacht.

Vergessen wird von denen, die so denken, daß Menschen auch dann gern das bessere Leben wollen, wenn sie nicht miteinander im Wettbewerb stehen. Gerade der Zusammenbruch des Ostblocks, den die Konkurrenzgläubigen gehaßt haben, hat sie widerlegt: Es war nicht zuletzt das Bedürfnis der Bürger der realsozialistischen Staaten, in den Genuß von Annehmlichkeiten zu kommen, die ihnen nicht zugänglich waren, was die Loyalität dieser Bürger gegen ihre Staaten zerfressen hat. Das Vermißte wurde nicht als Gegenstand der Konkurrenz mit dem Westen aufgefaßt – sonst hätte man ja auch sagen können: wir müssen sie eben einholen (was in der Stalinschen Aufbauzeit tatsächlich der Fall gewesen war und seinerzeit neben den despotisch erzwungenen auch für heroische, heute ganz unglaubliche Selbstausbeutungsleistungen der sowjetischen Bevölkerung gesorgt hatte).

In Konkurrenz miteinander befanden sich die realsozialistischen Ameisen aber auch nicht, wenn man mal von dem Wettbewerb absieht, der von der Lust auf Orden gespeist wird, welche zum Glück beim Menschen allemal geringer entwicklungsfähig ist als die Lust etwa auf Muße.

Motiviert genug, ihren Laden erst in Schuß zu bringen, am Ende aber, mit ein bißchen Anstachelung seitens sogenannter Reformer, auch zu zerlegen, waren sie allemal. Zunehmendes Phlegma bei der Arbeit, wachsender Eifer bei der Transformation des Gemeinwesens in ein kapitalistisches schlossen einander interessanterweise nicht aus. Daß das Arbeiten in jenem System spätestens seit Chruschtschow nicht mehr als die Tätigkeit erlebt wurde, die irgend etwas Geschichtswirksames, über den Tag Hinausweisendes bewirken kann, etwa »daß wir (oder wenigstens die Kinder) es einmal besser haben«, war viel eher ein Motiv, die Dinge schleifen zu lassen und dann die Firma einzureißen, als fehlender Wettbewerb.

Noch einmal: Sobald sie der unmittelbaren Not, dem allergrausamsten Naturzustand enthoben sind, genug zu Essen, leidlich Wohnraum, zweckmäßige Kleidung und Zeit für sozialen Umgang miteinander haben, wollen Menschen grundsätzlich mehr. Eine sozialistische Bulle vom Moskauer oder Beijinger Papst, die sie dafür als Schädlinge oder Konterrevolutionäre verdammt, wäre des Spottes von Marx und Engels gewiß gewesen.

Bedürfnisse, so sie befriedigt werden, erzeugen neue Bedürfnisse. Es gibt überhaupt keinen Grund, warum eine Gesellschaft, in der die Produktionsvorgaben und Wirtschaftsmodalitäten demokratischer, also kollektiver und souveräner Entscheidung unterworfen sind, von dieser Tatsache ausgenommen sein sollte.

Wir haben vor wenigen Jahren erlebt, daß Menschen aufgrund ihrer für realisierbar gehaltenen Wünsche ihr Gesellschaftssystem ändern können. Wieso soll dem Kapitalismus nicht ähnliches widerfahren, wenn die ihm Unterworfenen merken, daß ein besseres Leben leichter ohne Klassenlotterie zu haben ist und daß die Wahrscheinlichkeit, daß Leute mit den falschen Eltern es im Kapitalismus zum angenehmen Dasein bringen, mit jeder Runde im immer gleichen Spiel um Positionsvorteile in der Nahrungskette geringer wird?

Ein ernstes Wort an Traditionalisten: Weil auch der Marxismus im neunzehnten Jahrhundert entstanden ist, schleppt er seit damals in bestimmten engherzigen Lesarten ein unangenehmes Parallelkonstrukt zum primitiven Progressismus der Liberalen mit sich herum. Ich meine die unter gerechten Altgläubigen der Hammer-und-Sichel-Fraktion weitverbreitete Überzeugung, man brauche gar nicht erst anfangen, politisch den Mund aufzutun, wenn man sich nicht mit Geschichtsgesetzen im Bunde weiß, die unbesiegbar machen. Daß das Verfaulen der kapitalistischen Ordnung, der

Übergang von der freien Konkurrenz zum Monopolismus, der allgemeine Fall der Profitrate und verwandtes deterministisches Zeug unfehlbar den Sieg der eigenen Sache mit sich bringen müßten, war als Faustregel sicher gut für die Moral der Truppe.

Aber schlecht für ihren Realitätssinn.

Hegel, von dem in letzter Instanz jeder derartige Zinnober stammt, war immerhin vorsichtig genug gewesen, sein Stufenmodell der geschichtlichen Entwicklung in der eigenen Gegenwart und dem empirisch vorführbaren preußischen Staat gipfeln zu lassen, statt ein unausweichliches Shangri-La hinter den Sieben Bergen bei den Sieben Volkskommissaren vorherzusagen. Weil Menschen ihre Geschichte selber machen, und damit bislang nicht fertig sind, sollte man der Versuchung unbedingt widerstehen, je ein *pronunciamento* übers Unausweichliche abzugeben.

29 Darwins Bocksprünge

Wie funktioniert »Geschichte« sensu Marx also wirklich, wenn nicht orthogenetisch?

Anders als Naturgeschichte, obwohl die auch keine Orthogenese kennt.

Der Lurch kann sich unter bestimmten Bedingungen leider für nichts anderes entscheiden, als im Verlauf zahlreicher Generationen schließlich zum Reptil zu werden. Der Mensch befindet sich in so alternativloser Klemme eigentlich nie, solange er das Hirn nicht ganz abgeschaltet hat (und es ist noch keinem Gesellschaftssystem gelungen, die Hirne der Unterworfenen dauerhaft abzuschalten).

Das bedeutet zwar nicht, daß es keine Ober- und Untergrenzen fürs jeweils Machbare gibt, keine Trends, keinen allgemeinen

Zug, keine Großwetterlage. Eben dafür, die untersucht zu haben, schulden wir Marx (und anderen) ja Dank. Aber mit dem tatsächlichen Geschehen muß gerade eine Revolutionstheorie diesen Umstand intelligenter vermitteln, als dies in Arbeiter- und Bauernfängerei der Marke »Morgen kommt der Kommunismus« bei Leuten wie Chruschtschow üblich ist.

Dem europäischen Feudalwesen beispielsweise hätte man spätestens im frühen achtzehnten Jahrhundert aus dem, was sich in bestimmten Städten und auf bestimmten Märkten tat, durchaus prophezeien können, daß es ihm bald an den Kragen gehen werde. Die Französische Revolution, wird zugeben müssen, wer sie kennt, war dennoch genausowenig unausweichlich – weder ihr Zeitpunkt noch ihre Verlaufsform – wie irgend etwas anderes, das den bewußten Beschluß der Akteure voraussetzt. Jeder Versuch, die wissenschaftliche Gesellschaftsordnung durchzusetzen, dem naturwüchsigen Sozialgeschehen eins auszuwischen und den Gebrauchswert der menschlichen Arbeit kollektiv zu setzen, unterliegt dem Gesetz des Noah, wonach die Arche tatsächlich gebaut werden muß, sonst ersäuft auch der Wissende mit.

Der morscheste Imperialismus wird nicht vergehen, wenn ihn keiner zerstört, die sanfteste Erleuchtung kommt nicht ohne ein bißchen Selbstversenkungsarbeit, und selbst das Christentum gibt auf die verzwickte theologische Frage, ob die Erlösung eher durch Glaube oder eher durch gute Werke zu erlangen sei, die vollständig richtige dialektische Antwort, man solle das eine tun und das andere nicht lassen.

(Gewußt haben das die Begabten unter den jakobinischen oder marxistischen Gelehrten und Praktikern übrigens jederzeit – Lenin: »Wird diese Situation lange anhalten, und wie weit wird sie sich noch verschärfen? Wird sie zur Revolution führen? Das wissen wir nicht, und niemand kann das wissen. Hier kann überhaupt weder von irgendwelchen ›Illusionen‹ noch von ihrer Widerlegung die Rede sein, denn kein einziger Sozialist hat jemals und irgendwo die Garantie übernommen, daß gerade der jetzige (und nicht erst der nächste) Krieg, daß gerade die heutige (und nicht erst die morgige) revolutionäre Situation die Revolution hervorbringen werde.«)

Über den Fetisch »historische Zwangsläufigkeit« als Talisman für sozialistische Politik ist, nachdem sich bis zum Ende des zwanzigsten Jahrhunderts von links bis rechts alle Parteiungen mit den unterschiedlichsten Terminvorstellungen betreffend das »Ende der Geschichte« blamiert haben, nicht mehr zu sagen, als was Wolfgang Pohrt 1978 unter dem Titel »Vernunft und Geschichte bei Marx« geschrieben hat: »Marx kann zeigen, daß die Logik des Kapitals an inneren Widersprüchen zerbrechen wird – wobei Voraussetzung dieser Logik freilich wieder die vorausgesetzte Revolution ist. Wenn auf das Kapital nicht der Verein freier Produzenten folgt, zerbricht eigentlich nichts, sondern es bleibt alles beim alten. Die großartige Vernunft, unter welche Marx das Kapitalverhältnis setzt, resultiert nämlich aus dem greifbar gewordenen Telos der endgültigen Befreiung der Menschheit. Nur in bezug auf diesen ihren letzten Zweck kann man Vernunft und Widersinn in der Geschichte unterscheiden. Nicht weniger als die profane Arbeit hat die historische Arbeit zur Bedingung, daß der Produzent das Produkt schon im Kopf hatte, bevor er Hand anlegte. Und ebenso wie die profane Arbeit ist die historische Arbeit stets mit dem Risiko behaftet, zu mißlingen.«

Den sozialen Gebrauchswert bewußt zu setzen (und zu erkennen, daß er sich zur Technik verhält wie das Erkenntnisinteresse zur Wissenschaft oder das Recht zum Staat) ist oben im Hinblick auf die Vorteile empfohlen worden, die so etwas der Mehrheit der Menschen bringen würde.

Aber Pohrts Verweis auf die »inneren Widersprüche« des Kapitalverhältnisses enthält auch einen negativen Grund, warum das notwendig ist. Die dürre Formel meint nicht weniger als die Tatsache, daß der Reichtum, den die freie Konkurrenz und die abstrakte Arbeit geschaffen haben, von den Mächten zerstört wird, die ihn schufen.

Eine hochtechnisierte Zivilisation, die *nicht* als freier Verein freier Produzenten nach den wissenschaftlichen Einsichten plant, die ihren Stoffwechsel mit der Natur bestimmen, kann ins Grauen einer *nachwissenschaftlichen Technik* münden, die von (schwarzer) Magie wirklich nicht mehr zu unterscheiden wäre – in ein kybernetisiertes Dunkles Zeitalter, neben dem die Epoche der Hexenverbrennungen sich wie der schwedische Sozialstaat ausnähme.

Wie beugt man dem vor, wenn Sozialismus nicht zu haben ist? Die Frage stellen, heißt Reformist werden. Das ist nichts von vornherein immer und überall Verächtliches; aber stets ein undankbarer Job. Der Unterschied zwischen Reformisten, Revolutionären und Reaktionären ist kein rein theoretischer und auch kein ausschließlich praktischer. Man bekommt ihn vielleicht am ehesten mit dem Begriff der Haltung zu fassen.

Wenn Höhlenmenschen und Astronauten einander verprügeln, dann setzt der Reaktionär auf die Vitalität der Höhlenmenschen, der Revolutionär auf die Intelligenz der Astronauten und der

Reformist ruft den Parteien zu, sie sollten doch miteinander reden. Was der Reformist vorschlägt, scheitert selten am guten Willen der Astronauten.

Die führenden Reformisten der Gegenwart sind Leute, die das Profitstreben als einziges Maß des Gebrauchswerts der gesamtgesellschaftlichen Arbeit mit Recht verdächtig finden – auch wenn sie nicht so weit gehen würden wie Pohrt, der dem Kapital zutraut, mit der Höhlenmenschenkeule dieses Maßes am Ende den Gebrauchswert überhaupt zu vernichten.

Zum erzreformistischen Existenzgeldvorschlag habe ich mich schon geäußert. Kaum besser steht es mit Versuchen, die deregulierten weltweiten Finanzströme zum Hauptgegenstand theoretischer wie praktischer Kritik zu machen, um ihn (supraetatistisch) wieder in geordnete Bahnen zu lenken.

Im Gegensatz zu westlichen marxianischen Sekten, die den Kalten Krieg überlebt haben und sich die immer länger werdende Zeit damit vertreiben, hochkomplexe Abstrakta aus der Arbeitswertlehre oder der Krisentheorie zu Wahnsystemen auszubauen, wonach die Apokalypse unmittelbar bevorstehe (das tut sie im Kapitalismus immer; Zusammenbrüche, auch riesige, gehören zu seiner Geschäftsordnung; der zyklische Weltuntergang gehört zum Betriebsablauf), haben die Finanzstromzähmer wenigstens Greifbares vor.

Schade nur, daß ihre Verbesserungsbemühungen sie in Konflikt mit der Daumenregel bringen, als Menschenfreund solle man niemals einen Antikapitalismus fördern, der vorkapitalistische Zustände anstrebt.

Die Beseitigung der Arbeitsteilung etwa hat sich Marx nicht als das fröhliche Wuseln gleichgemachter Drohnen vorgestellt, die endlich wieder leben, wie man vor der Arbeitsteilung gelebt hat, sondern so, daß das Gemeinwesen durchaus weiterhin seine Elektrikerinnen und Köche haben wird, aber eben niemand mehr gezwungen sein darf, sein Leben lang nichts anderes zu sein als Elektrikerin oder Koch.

Die Arbeitsteilung wird vom Kommunismus nicht banal durchgestrichen, sondern auf höherer Stufe, mit verbesserten Freiheitsgraden für die arbeitsteilig Produzierenden reproduziert. Dasselbe gilt für die Fungibilität der verflüssigten Produktionspotenzen in Gestalt der Kapitalströme, die unsere Reformisten begradigen wollen.

Denn nicht fiktives Spekulationskapital und Zins sind das Problem, und lösen wird es daher auch nicht die Einrichtung von Schwundgeld, das sofort ausgegeben werden muß und andernfalls an Wert verliert. Der Versuch, das Geld abzuschaffen, ohne die Lohnarbeit aufzuheben, ist reaktionär. Kein staatlicher Zwang, der Besitzende nötigt, ihr Vermögen zur »Schaffung von Arbeitsplätzen« einzusetzen, wäre sozialistisch.

Wenn der kluge Faschist Ezra Pound der gesamten kapitalistischen Zirkulationssphäre, dem Zins, dem »arbeitenden Geld« und allem anderen, was er als »Usura«, also »Wucher« firmieren läßt, vor allem vorgeworfen hat, das alles sei *contra naturam*, hat er schlicht recht. Man muß den Vorwurf aber als Lob lesen.

Zins und »arbeitendes« Geldvermögen sind ja nur der falsche, der bewußt gesteuerten Entwicklung und Potenzierung der Erzeugungskräfte als paradoxe, zufällige historische Geburtshilfebedingung vorausgesetzte Ausdruck der geschichtsbildenden Macht der menschlichen Arbeit – eine Voraussetzung, aus der eine Fessel wurde. Man kann ja auch an irgendeinem idiotischen, lügenhaften und unlogischen Text lesen lernen, verfügt dadurch aber ab dem Moment des Gelingens dieses Lernvorgangs über die Fertigkeit, sich beliebige andere Texte zu Gemüte zu führen, auch wahre und richtige, und vermag so die Beschränkungen, die den »Urtext« verbiegen, schließlich abzustreifen. Was der Zins schief ausdrückt, nämlich daß Reichtum neuen Reichtum erzeugen kann, weil eben nicht nur Konsumtions-, sondern auch Produktionsmittel darin stecken, wäre zu vergegenständlichen, zu verallgemeinern und zu vergesellschaften, also gerade nicht zurückzunehmen in ein Leben von der Hand in den Mund.

Man hat im unglücklichen vergangenen Jahrhundert versucht, den Sozialismus in Gegenden einzuführen, wo weit mehr als die Hälfte der Menschen in der Landwirtschaft beschäftigt waren. In den USA sind es heute zwei Prozent – zusammen mit Importen, die der Weltmarkt liefert, reicht das aus, um die restlichen 98 mit Grundnahrungsmitteln zu versorgen. Wer da noch zurückwill zur »Idiotie des Landlebens« (Marx), in die Enge, die Immobilität, die soziale Stasis, wer sich die Gelegenheit versagt, Neues zu sehen und zu begreifen, soll sich keinen Zwang antun. Aber als linke Heilsbringer kommen Gestalten mit derlei Sehnsüchten nicht in Betracht.

Spätestens wenn im Dörfchen eine Epidemie wütet, werden sich auch die hartnäckigsten Anhänger Thoreaus einen Anschluß an die Verkehrswege zu Orten wünschen, wo Medikamente fabrikmäßig hergestellt werden, um Zuständen zu entgehen, wie sie zuletzt herrschten, als die Pockenkriegsführung der weißen Siedler dabei geholfen hat, die amerikanischen Ureinwohner auszurotten.

31 Wie man Mangel herstellt

Die »Dominanz per Design« (Michael Adas), das globale Patentwesen und die davon abgestützte Durchsetzung der technologischen Standards der reichsten Länder, von der Pharma- bis zur Infobranche, auf der ganzen Erde: Dies sind die Charakteristika der neusten Windung einer Schraube, deren vorletzter Stand die technologische Depravierung zahlreicher Länder der sogenannten dritten Welt infolge des Untergangs der Sowjetunion war.

Man mußte sich im Kalten Krieg entscheiden, an wen man sich anlehnte. Die Spätfolgen der Exportsperren etwa für Computertechnik werden die ärmeren Weltteile noch eine Weile beschäftigen. Denn die Zeiten sind vorbei, da politisch motivierte Innovationsprotektionismen ihrerseits Motor des Fortschritts sein konnten. Noch Napoleons Versuch, den europäischen Handel über Zölle auf britische Waren und andere Maßnahmen zu regulieren, die unterm Sammelnamen »Kontinentalsperre« bekannt wurden, führte immerhin dazu, daß Chemiker wie Hermann Kolbe sich um die synthetische Reproduktion medizinischer Wirkstoffe mühten und auf diesem Wege zuerst Salicylsäure und später Acetylsalicylsäure – Aspirin – gewannen. Dafür reichte ein überschaubares, auch für private *start-ups* finanzierbares Laboratorium. Die Rechner- oder Biotechnik der Gegenwart dagegen verlangt Forschungs- und Entwicklungsabteilungen, die an synthetischem Output übertreffen, was zu Napoleons Zeiten ganzen Volkswirtschaften zur Verfügung stand. Kein afrikanischer Pharmakologe wird dem TRIPS-Abkommen heute mit neuen Anti-HIV-Drogen ein Schnippchen schlagen. Noch einmal: Die Konzentration des Kapitals, die ausdifferenzierte Arbeitsteilung, die nötigen technischen Vorrichtungen machen jede Einzelinitiative, wenn sie nicht in gigantische Auffang- und Nährstrukturen eingebunden ist, zur hoffnungslos überlebten Pfiffigkeit aus Opas Tagen.

Wer die rein erfreuliche Seite dieses Zusammenhangs im Detail ausgearbeitet zu finden wünscht, dem empfehle ich hier ausnahmsweise einen entschiedenen Antimarxisten, aber auch aufrechten Feind des bestehenden unsinnigen Systems: Murray Bookchins unerreichtes, schon über dreißig Jahre altes Werk über *Post-Scarcity Anarchism* erzählt sagenhaft viele unbedingt zutreffende, ökologisch und sozialphilosophisch wohlüberlegte Dinge über den Zusammenhang zwischen Technik und Freiheit und den mit der industriellen Revolution erreichten Umschlag der menschlichen Arbeitsqualität in knappster und haltbarster Form. Der Fortschritt, so Bookchin, sei mit der vom frühen Industriekapital erreichten Ablösung bloßer »Erfindung« durch echte »Planung« (Bookchin nennt letztere »Design«, aber er meint damit nicht die Oberflächenverhübschung, sondern das, was religiöse Epochen der Gottheit als absichtsgeleitete Schöpfung im Sinne von »Vorsehung« zugetraut haben, vgl. »intelligent design«) in eine Phase eingetreten, in welcher »kostenorientierte, nichtmenschliche Begrenzungen« seiner Nutzung zu menschlichen Zwecken zwar weiter sozial erzeugt werden, aber sozial nicht mehr hingenommen zu werden verdienen. Man lese das im einzelnen bei ihm nach; sein antimarxistisches Steckenpferd (dem in seinem Buch sehr treffende und angemessen lobende Worte übers *Manifest der Kommunistischen Partei* gegenüberstehen) hat sich im Gegensatz zu seinem positiven Programm mittlerweile insofern erledigt, als er es vorwiegend gebraucht hat, um 1.) auf die Klassentheorie und 2.) die Parteipolitik einzuschlagen. Daß 1.) die Lohnabhängigen nicht Subjekt der Befreiung sein können, und daß man dem einmal erreichten Stand der (wie das damals hieß) »Überflußgesellschaft« zutrauen dürfte, die Menschheit ganz ohne Partei auf den rechten Weg der Abstreifung des Profitmotivs (»kostenorientierte, nichtmenschliche Begrenzungen«) zu zwingen, erwies sich gerade am Zusammenbruch des östlichen Sozialismus als doppelte Schimäre: Außer den Lohnabhängigen (die immer deutlicher zu erblichen Pools von Tagelöhnern absinken) gibt es nur noch komplett Ausgemusterte und Profiteure, also könnte das System von gar niemandem mehr umgeschmissen werden als eben von den Lohnabhängigen. Die 2.) von Bookchin wie von allen echten Anarchisten erwartete mirakulöse politische Selbstabschaffung der existierenden Zwänge unterm Druck der Produktivkräfte und des von ihnen erzeugten, aber schlecht verteilten Reichtums sowie dessen polaren Gegenstücks, der Not, ging aus der Überflußgesellschaft bekanntlich innert der letzten, seit Veröffentlichung von *Post-Scarcity Anarchism* verstrichenen drei Jahrzehnte noch viel weniger hervor, als daß es zu einer kommunistischen Weltrevolution gekommen wäre. Daß das, wenn schon die Geschichtsgesetze, an die Anarchisten glauben, nicht greifen wollten, daran liegt, daß die vorhandenen politischen Mittel nicht von den richtigen Leuten auf die richtige Weise genutzt wurden, insofern gegen falsche Wirtschaft, Unterdrückung und historische Sackgassen eben nur Politik hilft, ist ganz offensichtlich; der antileninistische Argumentkern von Bookchin und anderen seiner Richtung ist damit (anders als alle sich daran und an die historischen Lehren der fraglichen Zeit knüpfenden strategischen und taktischen Fragen) abgetan.

Arbeitsteilung und die aus ihr entspringenden Hierarchien haben sich über Jahrtausende fortentwickelt, weil sie evidente Vorteile vor jeder anderen Art der kollektiven Weltbewirtschaftung bieten, vom instinktgeleiteten Rudel aufwärts. Erst die Arbeitsteilung, nicht das abstrakte menschliche Denkvermögen allein, das uns über die Affen erhebt, schafft die Möglichkeit der Vorsorge, der Überwindung und Abwehr von Mangel und Katastrophen, der Emanzipation von den Nötigungen der verhagelten Ernte, Dürre, Eiszeit, des Schädlingsbefalls und der Defekte einzelner Menschen. Daß der Kapitalismus die erste Wirtschaftsweise wurde, die sich auf der ganzen bewohnten Erde ausbreiten konnte, kommt auch daher, daß er die Vorteile der Arbeitsteilung mit denen der freien Konkurrenz zu einer jahrhundertelang praktisch unschlagbaren Verbindung amalgamiert hat. Jetzt aber werden beide aneinander und an ihren Folgen zuschanden.

Was Naturkatastrophen und Mangel bändigen half, bringt diese Geißeln auf höherem Niveau zurück – und verleiht ihnen eine Vernichtungskraft, die sie in freier Wildbahn gar nicht hätten: Wo der Tsunami einen Küstenstreifen überspült, an dem man im Interesse der Hotelindustrie und der Forstwirtschaft alle Bäume abgeholzt hat, die den Schaden hätten dämpfen können, wird verheerend sichtbar, daß die zweite Natur nicht nur die Gefahren der ersten von den Menschen abwenden, sondern sie eben auch gewaltig verschärfen kann.

Besonders bitter berührt dies, wenn man sich klarmacht, daß wir uns auf einer Zivilisationsstufe befinden, von der gesagt werden könnte, daß sie unterhalb einer hohen Schwelle – sagen wir: wenn ein riesiger Meteorit einschlüge oder in der galaktischen Nachbarschaft eine Nova explodierte, deren Strahlenwind unsere technische Zivilisation auslöschen würde – im strengen Sinn keine Naturkatastrophen mehr kennt, weil sie Waffen gegen fast alles besitzt, womit uns die Natur schaden kann.

Hätte man die gesellschaftlich notwendige Arbeitszeit, die nötig war, die Tötungsvorrichtungen herzustellen, die das militärpolitische Handeln der USA seit 1985 ermöglichten, für die Bekämpfung der AIDS-Seuche verwandt, wäre sie nicht der Horror geworden, der sie ist.

Läßt man die Zurückhaltung und Höflichkeit fallen, mit der über solche Dinge im betrübten Tonfall des »da kann man wohl nichts machen« gemeinhin geredet wird, wird man sagen dürfen, daß es sich bei dieser Seuche und anderen Geißeln ihrer Art daher weniger um eine Strafe Gottes als vielmehr um eine Massenvernichtungswaffe gegen Arme, Unerwünschte, von den Machthabern nicht Protegierte handelt.

Heimsuchung, Geißel, Mangel: Noch herrscht keine Einigkeit darüber, ob »Hubbert's Peak«, die maximale mögliche Ölförderungsleistung, nach deren Erreichen die fossilen Brennstoffressourcen allmählich zur Neige gehen, tatsächlich demnächst erreicht wird, wie von einigen Geowissenschaftlern befürchtet.

Was man aber in den Nachrichten bereits verfolgen kann, sind die Heere, die eine »neue Landschaft globaler Konflikte um Rohstoffe« (Michael T. Klare) als Aufmarschgebiet betrachten.

Momentaufnahmen wie die von Manövern der Fallschirmjäger der 82nd Airborne Division der US-amerikanischen Armee im September 1997 in Kasachstan erhärten den Verdacht, daß die Anschläge vom 11. September 2001 zwar den Anlaß, nicht aber den Grund für die jüngste Weltordnungsoffensive der USA gestiftet haben und es in Wahrheit schon heute um Bataillen unter Mangelbedingungen geht.

Der Golf von Persien, das kaspische Becken, das Südchinesische Meer, das Nilbecken sind die Konfliktschauplätze, von denen wir hören werden. Auch die Wasserkriege um den Jordan, den Tigris, Euphrat und Indus, die zunehmenden bewaffneten Auseinandersetzungen um Mineralien und Holz, von denen Klare und andere schreiben, werden eine Welt formen, die dem Austragungsort von Primatenschlägereien um Savannenpfützen gleicht – nur daß Affen, wie Stanley Kubrick sie in der Eröffnungssequenz von *2001 – Odyssee im Weltall* ihre Knochenkeule schwingen läßt, keine atomaren, bakteriellen, viralen oder chemischen Waffen zur Verfügung haben, um ihre Verteilungskämpfe zu entscheiden.

Wir werden einander ums Nötigste und Einfachste abschlachten; wir werden einander rauben, was wir gemeinsam fördern, technisch aufbereiten, bewahren, durch gleichberechtigte Bevölkerungspolitik vernünftig nutzen könnten.

32 Widerstand und Überwindung

Daß der Feuerwehrmann, die Krankenschwester, die Programmiererin, die Biochemikerin und der Soldat diesen Text je lesen werden, ist unwahrscheinlich.

Das bedaure ich insbesondere im Fall des Soldaten – ich meine den, der in irgendeinem besetzten Ölstaat weniger Sold dafür bekommt, den Lastwagenfahrer der Ölfirma vor Angriffen durch Freischärler zu beschützen, als man dem Lastwagenfahrer an Gefahrenzulage bezahlt.

Leute wie dieser *trooper* sind die wichtigsten Stützen des Bestehenden (und die ersten, die es auf wirksame Weise werden in

Frage stellen können, wenn sich die Dinge entsprechend zu-
spitzen).

Wenn ich Glück habe, überfliegen den Text wenigstens die Ärz-
tin, der Physiklehrer und die Journalistin. Intellektuelle haben
ja sogar Zeit und Gelegenheit, Sinnfragen zu formulieren. Sie
sollten es nicht tun, sondern statt dessen daran mitwirken, daß
streikende Feuerwehrleute und unzufriedene Polizistinnen, aber
auch studierende Kriegsgegner und Feministen ihre Gemeinsamkeiten erkennen und praktisch erfahren. Nun neigen Intellektuelle leider dazu, politische Gemeinsamkeiten zwischen
sozialen Gruppen zunächst im Symbolischen statt im materiell
Praktischen zu suchen oder herzustellen. Es war so ein »organi-
scher Intellektueller« (Antonio Gramsci), nämlich der Schama-
ne und Mystiker Wovoka vom Stamme der Paiute im heutigen
Nevada, der nach einer drogeninduzierten Reise ins Jenseits 1886
eine neue Maßnahme gegen die Weißen erfand, die seinesglei-
chen ermordeten und in Reservate sperrten.
Wovoka hatte in seinem Kopf Gott und die Ahnen besucht und
brachte eine neue Religion mit, samt Prophezeiung: Eine große
Katastrophe werde kommen, die Weißen sollten dabei zugrunde
gehen, die Büffel zurückkehren und die toten Vorfahren eben-
falls, als Schutzgeister mit magischen Kräften, danach stünde
ein Goldenes Zeitalter bevor. Wer dran glauben wollte, erhielt
von Wovoka auch eine Handlungsanweisung, damit die Sache
beschleunigt werde: Man solle langsam im Kreis tanzen, dem
Bogen der Sonne nach, das bringe die Wende. Die Stämme im
Gebiet der Rocky Mountains und der großen Prärien nahmen
sich die Botschaft zu Herzen und pflegten das Ritual mit Eifer;
sogar der pragmatische Sitting Bull und seine Sioux konvertier-
ten.

»Der Geistertanz endete in tödlichem Schweigen« (John Clute). Die meisten Gläubigen wurden von den Weißen getötet.

Wir, die wir Bücher wie dieses schreiben oder lesen, könnten, wenn wir die politischen Gemeinsamkeiten zwischen sozialen Gruppen nur im Symbolischen suchen, in ein paar Jahrzehnten für alle, die dann noch um Rechte, Würde und Wohlfahrt kämpfen, so aussehen wie Wovoka und seine Geistertänzer, wenn uns immer nur symbolische Gemeinsamkeiten mit denen einfallen, die schlechter dran sind als wir selbst.

Geistertanz, postmodern: leer kreiselnde, vom abstrakten Dagegensein bedröhnte Phrasenproduktion um »Aktionsniveaus«, »verbindliche Zielvorgaben«, »gemeinsame Plattformen«, Gekabbel zwischen winzigen Grüppchen (und innerhalb derselben), ernste Eingaben an den Weltgeist um »Ausgrenzung«, »Bündnisse« oder um den »Aufbau eigener Strukturen«. Aufhören, bitte.

Sobald es dagegen konkret wird, liegen wir richtig: Wie man ein Asylbewerberheim vor Pogromisten schützt, wie man eine Propagandaschau des Militarismus oder eine Weißwäscherveranstaltung zur Wiederherstellung der deutschen Ehre stört, wie man General Motors oder Toyota beschämt, weil das Rohmaterial, das sie verarbeiten lassen, in Lateinamerika von illegal in Sklavencamps arbeitenden Rechtlosen stammt – das kann geklärt werden. Dazu bedarf es der Organisationen der Linken. Vom je Besonderen her, nicht von einer Weltanschauung mit Religionsanspruch aus, muß entwickelt werden, wie man solche Kampagnen mit den allgemeinen Forderungen verbindet, um die es jeder Linken gegangen ist, die den Namen wert war: Erlösung vom Mangel (anständige, das heißt dem Stand der Technik angemessene medizinische Versorgung, anständiger Wohnraum,

Kleidung, Nahrung, Bildung für alle), reproduktive und sexuelle Rechte, demokratisches, bedürfnisgeleitetes Wirtschaften.

Jede dieser Forderungen führt, da braucht es gar kein Weltbild, nur etwas Übersicht und Geschichtskenntnis, zum Sozialismus, weil alles, was ihre Erfüllung verhindert, nur von ihm abgeschafft werden kann. Der Sozialismus sollte freilich nicht als theoretischer Mantelbegriff (»Goldenes Zeitalter«), sondern als praktische Konsequenz aus Kämpfen aufgefaßt werden, bei denen sich jedesmal mit Notwendigkeit zeigen muß, daß Kräfte, die der Erfüllung dieser Forderungen im Weg stehen, unersetzlich Teil derjenigen Ordnung sind, die der Sozialismus ersetzen kann.
Weil es Kapitalisten sind, die den sozialen, politischen, polizeilichen und militärischen Druck veranlassen, der das Unrecht lebendig hält, müssen Feinde des Unrechts den Kapitalismus loswerden.

Materielle Gemeinsamkeiten zwischen Verhexten und Verarschten, verdeckt von quantitativen wie qualitativen Unterschieden, sind die einzige ernstzunehmende Grundlage für diese Überwindung: Die Sklaven in Brasilien, deren Metallvorprodukte Autos in Kentucky oder Küchen in Wisconsin herstellen helfen, unterscheiden sich nur auf den ersten, unscharfen Blick unüberbrückbar von den Edeltagelöhnern der digitalen Boheme in Berlin. Zwar sind die Beschäftigungsverhältnisse grundverschieden, die Brasilianer an ihr Lager gefesselt, die Berliner womöglich lebenslang ohne Festanstellung vogelfrei. Aber beide befinden sich in der Lage, in der sie stecken, weil sie keinen Anteil daran haben, zu entscheiden, was und wie in den Gesellschaften produziert wird, in denen sie leben. Unmittelbare Herrschaft, vermittelte Unterdrückung oder vertragsförmige Ausbeutung: viele Formen, ein einziger Fluch – die Klassengesellschaft.

Daß in den weitestentwickelten Staaten wie in den aufgegebenen Elendszonen am Rand der marktförmigen Welt inzwischen eine wachsende Menschengruppe existiert, die nicht einmal mehr ausgebeutet wird, daß es in Peru Gestalten gibt, die froh wären, wenn man sie ins Sklavencamp ließe, weil sie dann wenigstens einen Ort zum Schlafen und etwas zu essen hätten, während im Ruhrpott Schulklassen von bis zu dreißig Schülern existieren, aus denen nur zwei nach dem wertlosen Schulabschluß ins Berufsleben finden, daß also unter- und außerhalb der gewohnten sozialen Unterschiede zwischen Besitzenden und Nichtbesitzenden amorphe »Unterschichten« sehr unterschiedlichen Verelendungsgrads die Konturen der ausgebeuteten Klassen aufweichen, ist kein Einwand gegen den Klassenkampf als die richtige politische Strategie.

Denn zwar bezeichnet man als »Klassen« in dem Zweig der politischen Soziologie, der den Begriff pflegt, große Menschengruppen, die sich voneinander unterscheiden nach ihrem Platz in einem geschichtlich bestimmten System der gesellschaftlichen Produktion von Reichtum. Und der schale Witz an den gegenwärtigen »Unterschichten« ist fraglos, daß sie eben keinen erkennbaren Platz in irgendeinem Produktionsvorgang mehr haben – und auch keinen anstreben. Sie schaffen keinen Mehrwert, werden also nicht einmal mehr ausgebeutet; sie wollen nicht mehr repräsentiert werden, außer im Fernsehen. Wenn sie wählen, dann nur, weil sie »den Reichen« das nachmachen wollen, was Marx »ursprüngliche Akkumulation« nannte, nämlich die spontane Enteignung: Die NPD nimmt vielleicht den Ausländern und anderen phantasierten oder realen Konkurrenten der Ausgemusterten ein bißchen was weg; die Linkspartei holt es hoffentlich bei irgendwelchen Managern. Hauptsache, es wird neu verteilt.

Bei diesem Gerangel um Umverteilung aber werden die Elenden immer wieder den kürzeren ziehen, egal, wer sie vertritt – und gerade das kann sozialistische Politik sich zunutze machen, als Lernerfahrung: Wenn ihr euch nicht dem Kampf der in der bestehenden Produktionsordnung auf den abhängigen Plätzen Rackernden anschließt, dann wird euch nur das übrigbleiben, was höheren Orts vom Tisch fällt. Daß das auf Dauer zuwenig und zu unsicher ist, wird man den wacheren Bewohnern der neuen Plebszonen leicht klarmachen können.

Forderungen nach Befriedigung fixer Bedürfnisse und einem gerechten Gesellschaftsvertrag, die sich für die, welche sie zuerst stellen, zunächst vielleicht wie rein wirtschaftliche ausnehmen, werden politisch, wenn Staatsmacht, Heer und Polizei aufgeboten werden, um die Erzwingung ihrer Erfüllung zu behindern. Wenn ich unrecht habe und die Besitzenden, statt Staatsmacht, Heer und Polizei zu mobilisieren, wo immer ihnen Demokratie und Planung drohen, sich auf dem Weg der Reform dazu allmählich verführen lassen, werde ich mich gern zu meinem Irrtum bekennen und ein Kerzlein für Eduard Bernstein anzünden. Darüber entscheidet der Verlauf der Kämpfe. Laßt uns nicht wählerisch sein: Selbst die für sich genommen naive und als stabile Strategie unhaltbare Existenzgeldidee kann solche Kämpfe zünden. Wo das geschieht, müssen Sozialisten mit langem Atem die Perspektive der um Krümel Kämpfenden weiten.

Wer das, was für ein erträgliches Leben nötig ist, wie es längst alle führen könnten, nicht geschenkt bekommt und auf dem Weg der Lohnarbeit nicht erwerben kann, wird, wenn die Stichworte nicht fehlen, in den Streit um sehr viel mehr gezogen.

In dieser Auseinandersetzung, deren künftige Stationen niemand vorhersagen kann, wird man Verbände schaffen müssen, die zunächst den unmittelbaren Streit um die einzelnen Forderungen führen können, wie dies Gewerkschaften einmal im Rahmen der alten Arbeiterbewegung geleistet haben.
Auf einer zweiten Stufe ist es zur Vermittlung zwischen den einzelnen Forderungen nötig, sich erweitert zu organisieren: Wenn die Kriegsgegnerinnen und die AIDS-Aktivisten ihre Kampagnen koordinieren, kann das, was die Regierung an Subventionen für den trockengelegten Giftsumpf der Militärmaschinerie einsparen muß, gleich sinnvoll verwendet werden.
In enger Zusammenarbeit mit diesem zweiten Organisationstyp werden schließlich auf der dritten und über die Stabilisierung der Erfolge entscheidenden Ebene Organe entstehen müssen, die aus der Defensive in die Offensive führen und Partikularkämpfe universalisieren können.

Ich habe weder Platz noch Lust, noch die von den Menschen, deren Kämpfe ich zu umreißen versuche, erteilte Vollmacht, über Satzungen und Organisationsstrukturen zu spekulieren.
Wahrscheinlich wird das, was die vorübergehend Arbeitslosen wie die dauerhaft Ausgemusterten gegen ihre Zurichtung zum Reservistenpool im Klassenkampf der Besitzenden gegen die Lohnabhängigen mobilisieren kann, einer Gewerkschaft alten Typs wenig ähneln. Zu Kampftechniken wie der unkoordinierten Arbeitsniederlegung werden in Zeiten der elektronischen Neuorganisierung der Produktion und der verkürzten Trans-

portwege organisierte Angriffe gegen diese Wege, gegen den Apparat im Sinne der oben angesprochenen Maschinenstürmerei treten müssen. Parallel zu dieser Neuformierung von Organisationen für die Erringung und Verteidigung von Rechten für Lohnabhängige werden auch die Dach und Koordinationsorganisationen der zweiten und dritten Ebene, deren Aufgaben über Arbeitskämpfe hinausweisen, nur in vereinzelten Zügen einer Partei gleichen, wie Lenin sie sich vorgestellt hat.

Ein paar Grundmomente des Leninschen Konzepts bleiben freilich aus der Natur der Sache unentfernbar, etwa die Freistellung von Hauptamtlichen, wenn das Ganze keine Sisyphosarbeit sein soll.
Wie diese Organisationen aussehen und wie sie arbeiten müssen, wird nicht von mir und meinesgleichen am Bildschirm oder auf dem Papier entschieden, sondern in den Auseinandersetzungen ums Kleine, Große und Ganze. Marxistisch werden sie insofern sein, als das Beste an den Marxisten war, daß sie ihre Hegelei im Augenblick realer Kämpfe hinter ihre Bereitschaft zurückstellten, aus diesen Kämpfen zu lernen. Schon Marx selbst hat das bei der Pariser Kommune so gehalten.

Voraussagen kann man allerdings, was die neuen Dachverbände leisten müssen (wenn schon nicht, wie sie aussehen werden): Der Soldat, der die Ölarbeiter im besetzten Land vor den dort lebenden Menschen beschützt, muß auf Betreiben dieser Organisationen mit den Ölarbeitern ins Gespräch kommen können, damit beide merken, daß sie vom existierenden Arrangement wenig mehr haben als die Partisanen und Selbstmordattentäter, die ihr Leben bedrohen. Organisationen, die diese Vermittlung zwischen allen, die dem »Teile und Herrsche« des gegenwärtigen Katastrophen- und Mangelregimes unterworfen sind, nicht erreichen und sich statt dessen auf repräsentative Geistertänze in Parlamenten, Gremien und im Fernsehen einlassen, ohne deren Supplementcharakter zu begreifen, werden scheitern. Inwieweit existierende Parteien und Bündnisse der radikalen Linken die Petrischalen sein können, aus denen hervorgehen kann, was da gebraucht wird, sollen die entscheiden, die in ihnen heute arbeiten. Was man schaffen muß, ist die Internationale.

Ihre negative Voraussetzung stellt der Kapitalismus selber her: Die »Entagrarisierung der Welt« (Immanuel Wallerstein), das heißt die Tatsache, daß immer weniger Leute ihr Auskommen im direkten Kampf mit den Elementen finden und immer mehr bei der Bearbeitung des Bearbeiteten, macht es dem Kapital immer schwieriger, das Gefälle zwischen starken und schwachen Lohnabhängigengruppen zur Senkung der Lohnkosten effektiv auszunutzen. Die Verhältnisse gleichen sich an; die Idee ihrer Gesamtüberwindung wird mit Händen greifbar. »Die Verhandlungsmacht der Arbeitenden nimmt weltweit zu« (Wallerstein). Nur: Wer verrät ihnen das?

An strategischen Stellen zu streiken – im Transport- und Gesundheitswesen etwa – kann die sonst nur abstrakt gewußte gegenseitige Abhängigkeit unterschiedlichster Wirtschaftssektoren und Weltregionen zur Erfahrungstatsache machen. Neue Aufgaben für die Landwirtschaft – etwa energiewirtschaftliche im klimaveränderten Europa der Zukunft – werden die dort tätigen Menschen in erstaunlich klassisch marxistischem Sinn proletarisieren, wenn die bestehende Eigentumsordnung weiterbesteht. Arbeitskämpfe in vorerst unbekannten Formen können sich daraus ergeben.

Nichts, was das Menü der bisherigen menschlichen Anstrengungen für die Emanzipation vom blinden Geschick erweitert hat, ist gänzlich unbrauchbar geworden. Von allen können wir lernen. Nichts war umsonst, was Lenin, Paine, Luxemburg, Marat gedacht und getan haben. Nicht einmal die universalistische religiöse Idee, daß Gott die Menschen nicht als Deutsche, Barone, Massai, Proletarier, Jungfrauen, Räuber oder Zöllner geschaffen hat, sondern als Menschen, ist vergebens gedacht worden, solange jemand daran festhält, daß das, was die Menschen trennt und quält, nicht deshalb, weil es ist, auch sein muß.

Die Fronten sind klar, wenn schon nicht neu: Neben meinem Keyboard liegt, während ich dies hier schreibe, eine Ausgabe der Zeitung *Deutsche Stimme*, Parteiblatt der faschistischen NPD, aus dem Herbst des Jahres 2006. Mehrere Artikel darin hadern mit Islam und Christentum. Schädlich an denen sei der »universalistische Anspruch« samt daraus abgeleiteter Einheit der Gläubigen. Den aufrichtigen Anhängern von Erlösungsreligionen nämlich wirft der Nazi stets vor, jene weigerten sich, die Unterschiede zwischen den Völkern anzuerkennen. Schon Heinrich Himmler hat den Katholizismus mit der Begründung verabscheut, man könne ja prinzipiell auch Angehörige minderwertiger Rassen taufen, wo solle das denn hinführen?
Zur Menschheit, weiß Gott.

Das Festhalten der besten Vertreter von Erlösungsreligionen an dieser Sorte Universalismus, auch zu Zeiten harten Gegenwinds, kann für die Linke Vorbild sein (und ist es zu Zeiten, da die Linke in der Offensive war, auch gewesen). Als aufgeklärter statt symbolischer oder schwärmerischer Universalismus unterscheidet sich der linke vom religiösen allerdings darin, daß er die ökonomische und politische Gleichheit der Menschen, welche die Voraussetzung der Entfaltung ihrer kostbarsten Unterschiede ist (»Irgendwas kann jeder«, Hacks), nicht göttlicher Gnade und Liebe anvertraut, sondern bewußt und willentlich der Gnaden- und Lieblosigkeit der Natur entgegensetzt, wider die sich die Gattung zusammenschließen muß.

Daß dieser Zusammenschluß kein frommer Traum ist, sondern nach wie vor (oder, um nicht ganz so traditionsleninistisch zu klingen, heute eher mehr als 1917) auf der Tagesordnung steht, lasse ich mir lieber von meinen Feinden als von wohlmeinenden Idealisten bestätigen, die irgendwie links empfinden, darunter aber etwas Moralisches statt etwas Politisches verstehen – und erstere tun mir tatsächlich den Gefallen: Eine fünfzigköpfige Koryphäentruppe um den Konteradmiral Chris Parry hat dem Londoner Ministry of Defense im April 2007 eine Gefahrenabschätzungsstudie für die nächsten dreißig Jahre vorgelegt. Der *Future Strategic Context* aus Sicht dieser gestandenen Imperialisten: Der Krieg der Staaten geht, der Klassenkampf kommt (wieder), die größten Bedrohungen für die existierenden Zentren seien »leichte Waffen«, »religiöse Fundamentalisten«, die auf die Ressentiments der Elenden setzen, und, wer hätte das gedacht, »Neomarxismus«.

Ich hoffe, der Kredit, den die Feinde von Planung und sozialer Demokratie der angeschlagenen linken Tradition in diesem dritten Punkt geben, wird nicht verspielt, betört von Illusionen.

Der australische Schriftsteller Greg Egan spricht vom wichtigsten Gegengift gegen solche Illusionen, von der Einsicht in die Verschränkung der ersten mit der zweiten Natur: »Es ist nicht wahr, daß die Landkarte der Freiheit vollständig sein wird / wenn die letzte ungerechte Grenze verschwunden ist / solange uns noch aufgetragen bleibt, die Attraktoren des Donners zu bestimmen / und die Unregelmäßigkeiten der Dürrezeiten zu fixieren / die molekularen Dialekte des Waldes und der Savanne zu entschlüsseln / reich wie tausend menschliche Sprachen / und die tiefe Geschichte unserer Leidenschaften zu verstehen / die so alt sind, daß sie sich der Reichweite der Mythologie entziehen. / Also erkläre ich, daß keine Firma ein Monopol auf Zahlen hält / Kein Patent die Eins und die Null abdeckt / daß keine Nation die Souveränität über Adenin und Guanin beanspruchen darf / und kein Imperium die Quantenwellen beherrscht. / Alle sind zugelassen beim Fest des Verstehens / denn es gibt eine Wahrheit, die nicht zu kaufen oder zu verkaufen ist / die man nicht mit Gewalt durchsetzen kann, der niemand widersteht / oder entkommt.«

33 Gelegenheiten

Rosa Luxemburg am 24. November 1917 aus dem Zuchthaus Breslau an Luise Kautsky: »Freust Du Dich über die Russen? Natürlich können sie sich in diesem Hexensabbat nicht halten – nicht wegen der Statistik, die die zurückgebliebene Wirtschaftsentwicklung Rußlands nachweist, wie es Dein scharfsinniger Ehemann nachgezählt hat –, sondern weil die Sozialdemokratie dieses höherentwickelten Westens aus niederträchtigen Hasenfüßen besteht, die als friedliche Zuschauer die Russen sich verbluten lassen.«

»Vervielfältigung, Variation und Auslese«, wiederholt die Biologin, »und davon abgeleitet dann die Sekundärtugenden der Evolution: Spezialisierung, Kooperation …«

Auf meine Nachfrage, inwieweit ihr darwinistisches Modell eine andere Anwendung aufs Gesellschaftliche gebietet, als rechte Soziobiologen sie mit ihrem »Kampf ums Dasein« propagiert haben, lächelt sie: »Na ja, so mysteriös ist das ja eigentlich nicht: Alles Wirkliche ist sterblich, auch die ungerechte Welt, die wir geschaffen haben. Und für alles Sterbliche, das Nachkommen hat, bessere oder schlechtere, kann man evolutionäre Gesetzmäßigkeiten angeben. Wie man die wertet, diktiert kein Darwin. Nimm die Arbeitsteilung, die Produktionsverhältnisse überhaupt: Wenn wir nicht die demokratische Planung durchsetzen, wird das Gattungswesen Mensch eben keine politische Wirklichkeit, sondern wir kriegen irgendwann vielleicht zwei neue Spezies, wie die Morlocks und die Eloi bei H.G. Wells – Herren und Knechte, bei denen die Abhängigkeit der Herren von den Knechten das Ganze stabilisiert, vielleicht auf Jahrtausende. Man kann dann, als rechter Soziobiologe, auch neutral sagen: Die Speziation, die da stattfindet, führt zu einer neuen evolutionär stabilen Strategie, zur Symbiose zwischen Klassen, aus denen schließlich Arten werden. Da hätten wir einen Prozeß vor uns, der sich mittels Biotech und Eugenik stark beschleunigen ließe.«
Sie muß nicht dazu sagen, daß diese Symbiose Unrecht wäre.

»Unrecht« ist kein Begriff aus der Wissenschaft, sondern ein normativer, genau wie Sozialismus. Herren und Knechte sind beide *etwas anderes* als Menschen, moralisch gesprochen: *weniger*. Das Argument genügt als Grund, sie abschaffen zu wollen.

Die Menschen haben zugelassen, daß die Maschinen, die ihnen zu dieser Abschaffung verhelfen könnten, zu Naturwesen werden, deren Früchte man nicht ernten kann, weil sie keine mehr hervorbringen; wie schlafende Pflanzen im Winter.

Die Menschen müssen ihre Maschinen befreien, damit die sich revanchieren können.

Die Menschen müssen ihre Maschinen befreien,
damit die sich revanchieren können.

Dr. Who © 2006 BBC

Sandra Mitchell

Komplexitäten

Warum wir erst anfangen, die Welt zu verstehen.
Aus dem Englischen von Sebastian Vogel.
edition unseld 1. 173 Seiten

Eine neue Herausforderung für die Wissenschaft: Die
Welt ist komplex, also sollten es auch unsere Vorstellun-
gen von ihr sein. Die Naturwissenschaften aber haben
traditionell nach einfachen, universalen und zeitlosen Ge-
setzen gesucht. Damit wollten sie die »schwirrende Ver-
wirrung« (»blooming, buzzing confusion«, William James) erklären, die die ungeschulten Sinne dem Geist präsentie-
ren. Aber dieses Unternehmen ist gescheitert. Sandra
Mitchell zeigt, daß uns die Komplexität der lebendigen
Welt dazu zwingt, unsere Denkmodelle radikal zu revi-
dieren und nach einer adäquateren Erkenntnislehre zu suchen. Wer die Welt verstehen will, muß auch verstehen
lernen, warum das Ganze tatsächlich mehr ist als die
Summe der einzelnen Teile.

Sandra Mitchell, Professorin für Wissenschaftsgeschichte
und -theorie an der University of Pittsburgh.

Robert B. Laughlin

Das Verbrechen der Vernunft

Betrug an der Wissensgesellschaft.
Aus dem Englischen von Michael Bischoff.
edition unseld 2. 159 Seiten

Wir leben in einer Wissensgesellschaft, die freien Zugang
zu Informationen ermöglicht. Doch ist längst eine paradoxe Situation entstanden: Wissen ist gefährlich. Die
Möglichkeiten, Wissen zu erwerben, können zu erheblichen Konflikten führen. »Was darf ich wissen?« Diese
Frage könnte in unserem Informationszeitalter zu einer
Schlüsselfrage werden. Wer Wissen erwirbt, noch dazu
technisches Wissen, kann schnell an den Rand der Lega-
lität geraten. Je mehr Technologien vermögen, desto weniger wird das Wissen über diese Technologien frei verfügbar. Wir müssen uns daher mehr und mehr mit dem
bizarren Konzept des »Verbrechens der Vernunft« auseinandersetzen, damit, daß frei erworbene Erkenntnisse
aus wirtschaftlichen, politischen oder militärischen
Gründen als illegal erklärt werden. Ob es um Atomphy-
sik geht, um Gentechnik oder Computerprogramme –
der Physiknobelpreisträger Robert B. Laughlin enthüllt
in seinem Essay die Mechanismen der Geheimhaltung
von Wissen und zeigt anhand von vielen Beispielen, daß
bald ein neues Dunkles Zeitalter beginnen könnte, dessen
Kennzeichen nicht Information und Wissen sind, sondern Desinformation und Ignoranz.

Robert B. Laughlin, Professor für Physik an der Stanford
University, Nobelpreis für Physik 1998.

Rolf Landua

Am Rand der Dimensionen

Gespräche über die Physik am CERN
edition unseld 3. 105 Seiten

Am CERN, dem Europäischen Kernforschungszentrum in Genf, wird gebaut. Tief unter der Erde entsteht der neue riesige Teilchenbeschleuniger LHC, der Wissenschaftlern Zugang zu neuen Phänomenen – und vielleicht zu neuen Dimensionen – ermöglichen soll. Erwartet werden entscheidende Erkenntnisse über den Zusammenhang von Raum, Zeit und Materie. So könnte das bisher nur hypothetisch existierende Higgs-Teilchen entdeckt werden, das allen Bausteinen der Materie ihre Masse gibt. Oder ein Beweis für die Existenz supersymmetrischer Teilchen, die auch die dunkle Materie und damit einen Hauptbestandteil des Universums erklären könnten. Rolf Landua hat seinen Band als Dialog mit einem Forscher des CERN konzipiert. Darin werden unter anderem die Erwartungen diskutiert, die mit dem Einsatz des Teilchenbeschleunigers verbunden sind. Die Gespräche bezeugen die Ungewißheit der Grundlagen moderner physikalischer Theorien und sind eine Philosophie über den Rand der Dimensionen, eine Spekulation über das Potential der Naturwissenschaften.

Rolf Landua, Physiker am Europäischen Kernforschungszentrum (CERN), Leiter der CERN-Abteilung für öffentliche Fortbildung.

Wolf Singer und Matthieu Ricard

Hirnforschung und Meditation

Ein Dialog.
Aus dem Englischen von
Suanne Warmuth und Wolf Singer.
edition unseld 4. 133 Seiten

Wolf Singer ist einer der weltweit führenden Hirnforscher. Matthieu Ricard war Molekularbiologe und wurde
dann buddhistischer Mönch. Für dieses Buch treten beide
in Dialog über die Beziehung zwischen Hirnforschung
und Bewußtseinstraining. Sie sprechen darüber, welche
mentalen Zustände mit meditativen Praktiken herbeige-
führt werden sollen, welche neuronalen Vorgänge diesen
zugrundeliegen, und sie fragen, ob regelmäßiges Meditie-
ren zu nachweisbaren Veränderungen von Hirnfunktio-
nen führt. Ihr Buch leistet einen wichtigen Beitrag dazu,
den Austausch zwischen Naturwissenschaften und den
kontemplativen Wissenschaften anzuregen. Ein Thema,
das in der Diskussion zentral behandelt wird, sind die
Methoden, mit denen der Geist und menschliche Werte
wie Aufmerksamkeit und Glück trainiert werden können

Wolf Singer, Direktor am Max-Planck-Institut für Hirnforschung in Frankfurt am Main, Gründungsdirektor des
Frankfurt Institute for Advanced Studies (FIAS).

Matthieu Ricard, war Molekularbiologe am Institut Past-
eur in Paris, bevor er buddhistischer Mönch wurde; seit
35 Jahren lebt er im Himalaya.

Josef H. Reichholf

Stabile Ungleichgewichte

Die Ökologie der Zukunft.
edition unseld 5. 138 Seiten

Die Erhaltung der Biodiversität der Erde ist eines der
Hauptziele des UN-Zukunftsprozesses. Das soll erreicht
werden durch das Bewahren einer statischen Weltsicht.
Auch der moderne Naturschutz setzt auf das »Gleichge-
wicht im Naturhaushalt« und damit auf eine statische
Konzeption der Ökologie. Josef H. Reichholf, der als
»enfant terrible« des Umweltschutzes gilt, stellt diesen
Ansatz radikal in Frage. Er argumentiert: In einer sich
wandelnden Welt können Zukunftsziele nicht auf Zustände von gestern oder vorgestern bezogen werden. Ungleichgewichte sind die Triebkräfte der natürlichen Evolution und der wirtschaftlichen und sozialen Entwicklun-
gen. Gleichgewichte dagegen führen zu Erstarrung, in
ihrer endgültigen Form sind sie der Tod allen Lebens.
Deshalb gilt es, hinreichend stabile Ungleichgewichte zu
finden und zu entwickeln – natürliche wie menschliche
Vielfalt weisen uns Wege dazu.

Josef H. Reichholf, geboren 1945, lehrt Naturschutz und
Ökologie an der Technischen Universität München, leitet
die Wirbeltierabteilung der Zoologischen Staatssamm-
lung München.

NF 657/1/2.08

Bernard Stiegler

Die Logik der Sorge

Verlust der Aufklärung durch Technik und Medien.
Aus dem Französischen von Susanne Baghestani.
edition unseld 6. 183 Seiten

Seit der Aufklärung gilt das Idealbild vom mündigen Individuum, das Verantwortung für sein Handeln trägt.
Durch die Übermacht der neuen Medien und den globa-
len Kapitalismus wird jedoch die Fähigkeit, Verantwortung zu übernehmen, systematisch zerstört. Auch Er-
wachsene sind tatsächlich keine mündigen Individuen,
sondern verharren in einem Zustand der Unreife, der es
ihnen unmöglich macht, die jüngere Generation zu Ver-
antwortungsbewußtsein zu erziehen. Ein Generationen-
vertrag wird aufgelöst und das Leben auf das Lustprinzip,
die bloße Gegenwart, reduziert, somit wird Vergangenheit ausgelöscht und eine Zukunft nach den Idealen der
Aufklärung aussichtslos. Die Folgen sind eine Infantili-
sierung der Gesellschaft, strukturelle Verantwortungslo-
sigkeit und eine durch manipulative Medien verursachte
gesamtgesellschaftliche Aufmerksamkeitsstörung.

Bernard Stiegler, Leiter der Abteilung »Kulturelle Entwicklung« im Centre Georges Pompidou.

NF 658/1/2.08

Durs Grünbein

Der cartesische Taucher

Drei Meditationen.
edition unseld 7. 143 Seiten

Hinter einem großangelegten Werk mit dem noch viel größeren Titel »Le Monde« verbirgt sich das ehrgeizigste Projekt des Philosophen René Descartes: In diesem Werk sollten sämtliche getrennten Wissensfäden zusammenlaufen und ein Gewebe ergeben, so dicht gewirkt, daß damit alles unter der Sonne erklärt wäre. Was den Dichter Durs Grünbein zu diesem cartesischen Universum hinzieht, ist gerade nicht der Triumph nüchterner Rationalität. Das Traumhafte jenes Traumprojekts fesselt ihn, das Phantastische hinter den abstrakten Begriffen, der spekulative Höhenflug, den Descartes sich über seinen naturwissenschaftlichen Hypothesen erlaubt, die Spur des Experimentators durchs Dickicht der allerheiligsten Mysterien. Mit seinem Versroman über Descartes (*Vom Schnee*, 2003) hatte Durs Grünbein eine bezaubernde poetische Version des Themas gegeben. Nun fügt sich ein erzählerisch angelegter Essay in drei Meditationen zur Verteidigungsschrift für einen der meistgehaßten Philosophen. Dabei findet sich am Gegenpol des heliozentrischen Weltbildes zugleich der Ursprung des modernen poetischen Ichs.

Durs Grünbein, Dichter und Essayist, lebt in Berlin und ist Professor an der Kunstakademie Düsseldorf.

Dietmar Dath

Waffenwetter

Roman
288 Seiten. Gebunden

Konstantin Starik schenkt seiner Enkelin Claudia zum Abitur eine ungewöhnliche Reise: Als Forscher und Spione brechen die beiden auf zu einer gefährlichen Expedition in die Kälte, dorthin, wo in der Nähe des magnetischen Nordpols die größte Hochfrequenz-Antennenanlage der Welt steht: HAARP, der Stolz amerikanischer Technokraten und – Geheimprojekt des Militärs zur Manipulation von Wetter und globaler Kommunikation? Daths Roman folgt seiner jungen Protagonistin in das Zwiegespräch mit etwas, das denkt, aber kein Mensch ist, bis an den Ort, wo Vernunft und Glaube, Armee und Kirche, Mensch und Sonne, Waffe und Wetter aufeinandertreffen.

»Smart, sexy, witzig und originell.«
Frankfurter Rundschau

NF 668/1/1.08

Dietmar Dath

Dirac

Roman
382 Seiten. Gebunden

Man kann nicht leben wie ein Tier, wenn man ein Mensch
ist. Das haben wir mal gewußt, das haben wir einander
auch dauernd neu beigebracht, jeden Tag. Daß es um was
gehen muß, um mehr als das stille Glück im Winkel und
bestenfalls etwas philosophische Inneneinrichtung.
Dirac erzählt von der Suche des Schriftstellers David
nach der Wahrheit über Paul Dirac, den großen Unbekannten der modernen Physik. Vor den Augen des Lesers
nimmt die Geschichte dieses außergewöhnlichen Wissen-
schaftlers und Menschen Gestalt an. Ergebnis des Experi-
ments: ein im Sinne des Wortes phantastisches Buch.

»Das ist purer Dath-Sound: präzise, unterhaltsam, infor-
miert und geradezu brillant im Wiedergeben von gespro-
chener Sprache.« *taz*

Dietmar Dath

Die salzweißen Augen

Vierzehn Briefe über Drastik und Deutlichkeit
215 Seiten. Gebunden

David hält Rückschau, in den Briefen an eine angebetete
Mitschülerin von einst: Damals, in den »klebrigen siebziger Jahren«, wollte Sonja wissen, was ihn an Heavy Metal, an Zombie- und Pornofilmen und Horrorcomics
denn fasziniere. Jetzt, in den Briefen, holt er aus, zitiert
Gräßliches und definiert theoretisch. Doch angetrieben
wird seine Erklärung von der eigenen Geschichte: einem
kaputten Elternhaus, der Sonjafixierung, Drogenerfahrungen, einem Zusammenbruch.
Dietmar Daths waghalsiger Romanessay gräbt in der Geschichte einer Jugend nach Antworten.

» ... prächtiges Kanonenfutter für die gerade einmal wieder aufbrandenden Scharmützel innerhalb der Linken in
Deutschland. Altlinks oder poplinks, modern oder poststrukturalistisch, für oder gegen Amerika, politisch korrekt oder neoliberal – wer raus aus dem Graben und rein
ins Schlachtfeld will, lese den drastischen Dietmar Dath.«
Die Zeit

NF 671/1/1.08